酒后驾驶交通事故空间分析

陈艳艳　王少华　著

北京理工大学出版社
BEIJING INSTITUTE OF TECHNOLOGY PRESS

版权专有　侵权必究

图书在版编目（ＣＩＰ）数据

酒后驾驶交通事故空间分析 / 陈艳艳，王少华著. --北京：北京理工大学出版社，2022.6
ISBN 978-7-5763-1351-2

Ⅰ.①酒… Ⅱ.①陈…②王… Ⅲ.①酒后开车-交通事故-事故分析 Ⅳ.①U491.31

中国版本图书馆 CIP 数据核字（2022）第 092534 号

出版发行 / 北京理工大学出版社有限责任公司
社　　址 / 北京市海淀区中关村南大街 5 号
邮　　编 / 100081
电　　话 / （010）68914775（总编室）
　　　　　（010）82562903（教材售后服务热线）
　　　　　（010）68944723（其他图书服务热线）
网　　址 / http://www.bitpress.com.cn
经　　销 / 全国各地新华书店
印　　刷 / 三河市华骏印务包装有限公司
开　　本 / 710 毫米×1000 毫米　1/16
印　　张 / 10.75　　　　　　　　　　　　　　责任编辑 / 江　立
字　　数 / 140 千字　　　　　　　　　　　　　文案编辑 / 江　立
版　　次 / 2022 年 6 月第 1 版　2022 年 6 月第 1 次印刷　　责任校对 / 周瑞红
定　　价 / 69.00 元　　　　　　　　　　　　　责任印制 / 施胜娟

图书出现印装质量问题，请拨打售后服务热线，本社负责调换

前 言

交通事故在世界范围内给人们的生命财产安全带来了极大的危害。酒后驾驶是诱发交通事故的重要原因之一。2017 年，我国公安交通管理部门处理道路交通违法情况数据显示，纠正饮酒驾驶 82 万余人次，纠正醉酒驾驶 20 万余人次。面对当下道路交通安全的严峻形势，针对重点交通违法行为展开精细化研究，积极探索先进的交通安全管理理论，突破理论应用所需的关键技术，预防酒后驾驶等高发交通事故就显得尤为紧迫和重要。

本书从国内外酒驾交通事故研究现状着手，首先，通过采集酒驾交通事故数据，开展酒后驾驶交通行为调查问卷分析，进行酒驾交通事故基本特征阐述，并进行酒驾交通事故严重程度研究分析。其次，在不考虑空间效应条件下进行酒驾交通事故的影响因素分析，开展基于机器学习的酒驾交通事故预测。最后，运用空间计量经济学方法，对酒驾交通事故影响因素的空间自相关性和空间异质性进行了研究，实现酒驾交通事故的区域风险预测，从而为宏观的交通安全规划、管理和预防，提供技术支撑和决策支持。

本书共 6 章，其中，第 1、2 章主要由陈艳艳撰写，第 3、4、5、6 章主要由王少华撰写。全书由王少华统稿。课题组肖金坚高级工程师、研究生张思楠、张可可为本书开展了资料收集、数据分析等基础工作，在此表示感谢。

本书的撰写出版得到了国家重点研发计划项目（2017YFC0803903）、天津市教委科研计划项目（2021KJ017）、天津市交通运输科技发展项目计划（2021—2025）的资助支持，以及天津职业技术师范大学"智能车路协同与安全技术国家地方联合工程研究中心""天津市智能交通工程技术中心""天津市交通安全与控制协同创新中心"的技术支持，在此表示感谢。

  本书在编写过程中，也得到了国内外院校众多专家的支持，在此表示诚挚感谢！特别感谢天津市公安交通管理局河西交警支队、逸兴泰辰技术有限公司等单位专家在酒驾事故数据采集、特征规律统计、空间挖掘分析方面的指导帮助！同时，本书编写参考了国内外大量文献、书籍、讲座等资料，这里谨向各位作者致以崇高的敬意和由衷的感谢。

  囿于编者水平局限，书中难免存在错漏之处，敬请广大读者给予批评指正和提醒反馈。编者邮箱为 shaohuawang@tute.edu.cn，再次表示感谢。

目 录

第 1 章　绪论 ………………………………………………………………… 1
  1.1　研究背景及目的 ……………………………………………………… 2
    1.1.1　研究背景 ……………………………………………………… 2
    1.1.2　研究目的 ……………………………………………………… 6
  1.2　主要研究内容及技术路线 …………………………………………… 8
  1.3　章节构成 ……………………………………………………………… 12
  1.4　本章小结 ……………………………………………………………… 14

第 2 章　国内外研究现状综述 …………………………………………… 15
  2.1　酒后驾驶基本定义 …………………………………………………… 16
    2.1.1　酒后驾驶认定 ………………………………………………… 16
    2.1.2　酒后驾驶法律责任 …………………………………………… 17
    2.1.3　饮酒对驾驶特性影响 ………………………………………… 18
  2.2　宏观交通安全研究 …………………………………………………… 20
    2.2.1　国外研究现状 ………………………………………………… 20
    2.2.2　国内研究现状 ………………………………………………… 21
    2.2.3　小结 …………………………………………………………… 23
  2.3　酒驾交通事故研究 …………………………………………………… 24

2.3.1 国外研究现状 ·· 24
  2.3.2 国内研究现状 ·· 26
  2.3.3 小结 ·· 29
 2.4 交通事故数据挖掘研究 ·· 30
  2.4.1 国外研究现状 ·· 30
  2.4.2 国内研究现状 ·· 31
  2.4.3 小结 ·· 31
 2.5 本章小结 ·· 33
第3章 酒驾交通事故数据采集及特征分析 ······························ 35
 3.1 研究数据采集与处理 ·· 37
  3.1.1 研究区域介绍 ·· 37
  3.1.2 调查问卷数据 ·· 37
  3.1.3 酒驾事故数据 ·· 39
  3.1.4 影响因素数据 ·· 41
 3.2 酒驾交通行为调查分析 ·· 45
  3.2.1 个人基本信息 ·· 45
  3.2.2 饮酒消费行为特征 ·· 45
  3.2.3 酒后驾驶行为认知 ·· 48
  3.2.4 酒后驾驶预防认知 ·· 49
 3.3 酒驾交通事故基本特征 ·· 53
  3.3.1 驾驶员特征 ·· 53
  3.3.2 机动车类型特征 ··· 55
  3.3.3 事故发生时间特征 ·· 56
  3.3.4 血液采集时间间隔特征 ······································· 58
 3.4 基于 Logistic 模型的事故严重程度研究 ························ 61

  3.4.1 驾驶员伤亡特征 ·· 61
  3.4.2 Logistic 回归模型 ·· 61
  3.4.3 模型结果分析 ·· 64
 3.5 本章小结 ··· 67

第 4 章 不考虑空间效应的酒驾交通事故研究 ····························· 69
 4.1 酒驾事故影响因素分析 ·· 70
  4.1.1 相关性分析 ··· 70
  4.1.2 多重共线性分析 ·· 72
  4.1.3 双对数预处理 ··· 73
 4.2 基于线性回归模型的酒驾事故预测 ································ 74
  4.2.1 线性回归理论 ··· 74
  4.2.2 基于 OLS 模型的酒驾事故预测 ····························· 77
 4.3 基于机器学习的酒驾事故预测 ···································· 79
  4.3.1 人工神经网络 ··· 79
  4.3.2 支持向量回归 ··· 82
  4.3.3 机器学习模型构建 ·· 85
  4.3.4 模型结果分析 ··· 87
 4.4 本章小结 ··· 88

第 5 章 酒驾交通事故空间自相关性研究 ·································· 89
 5.1 空间自相关性检验 ·· 91
 5.2 空间研究尺度选择 ·· 93
 5.3 空间权重矩阵选择 ·· 94
  5.3.1 空间权重矩阵定义 ·· 94
  5.3.2 空间权重矩阵构建 ·· 96
 5.4 空间计量模型构建 ·· 98

5.4.1 空间计量模型定义 98
5.4.2 空间计量模型检验 100
5.4.3 空间计量模型构建 103

5.5 实证结果 105
5.5.1 全市研究结果 105
5.5.2 分区域研究结果 114

5.6 本章小结 122

第6章 酒驾交通事故空间异质性研究 123

6.1 空间权重函数 125
6.1.1 距离阈值函数 125
6.1.2 高斯函数 125
6.1.3 双重平方函数 126

6.2 带宽选择与优化 127
6.2.1 带宽定义 127
6.2.2 带宽优化 127

6.3 空间地理加权模型构建 129
6.3.1 地理加权回归模型 129
6.3.2 混合地理加权回归模型 131

6.4 实证结果 133
6.4.1 GWR 模型构建 133
6.4.2 MGWR 模型构建 135
6.4.3 影响因素分析 139

6.5 本章小结 145

附录：酒后驾驶交通行为调查问卷 146

参考文献 151

 # 第 1 章

绪 论

1.1 研究背景及目的

1.1.1 研究背景

随着社会经济的飞速发展和机动化水平的不断提高，道路交通事故已经成为最广泛、最严重的社会危害。在世界范围内，交通事故的发生给人们生命和财产安全带来了极大的危害。2016年，全世界有135万人死于道路交通事故[1]。其中，93%的道路死亡事故发生在低收入和中等收入国家，尽管这些国家只拥有世界上大约60%的车辆。以中国为例，"十二五"期间，我国平均每年发生20万起交通事故，造成5.9万人死亡、21.7万人受伤，是世界上交通事故年死亡人数最多的国家[2]。世界卫生组织数据表明，5%～35%的交通事故与饮酒有关[1]。2011年，澳大利亚约1/3的交通事故人员死亡与酒后驾驶有关[3]。2013年，美国超过1万起机动车死亡交通事故涉及酒精，平均每52分钟发生一次酒后驾车死亡事故[4]。有鉴于此，我国自2011年5月1日起实施了《中华人民共和国刑法修正案（八）》，醉酒驾驶作为危险驾驶罪被追究驾驶人刑事责任[5]。2011年7月1日修订实施了《车辆驾驶人员血液、呼气酒精含量阈值与检验》（GB/T 19522—2010）将酒后驾驶分为饮酒驾驶（Driving Under the Influence of Alcohol，DUI）和醉酒驾驶（Driving While Intoxicated，DWI）[6]。然而，如图1-1所示[7]，尽管在2011年法律实施前后，酒后驾驶交通事故（以下简称"酒驾事故"）发生率有所下降，但此后随着汽车保有量不断增长等多方面原因，酒驾事故占所有交通事故的比例连年攀升，酒驾事故的治理和预防已经刻不容缓。

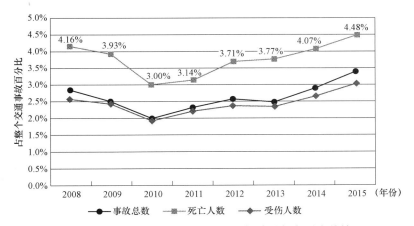

图 1-1　2008—2015 年机动车酒后驾驶引起交通事故情况

更为严重的是，如图 1-2 所示，我国交通管理部门查处的饮酒驾驶和醉酒驾驶交通违法数量逐年迅猛增长。其中，2015 年饮酒驾驶行为达到 64.05 万起，醉酒驾驶行为达到 13.95 万起，而每一起交通违法的背后都是一起被交通警察提前消除的事故隐患。酒驾事故危害巨大，酒驾交通违法行为高发，加大酒驾交通违法行为查处已成为交管部门的重要工作任务之一，这都表明我国交通安全形势仍然不容乐观，酒后驾驶交通事故预防工作虽做了大量工作，但依然任重道远。

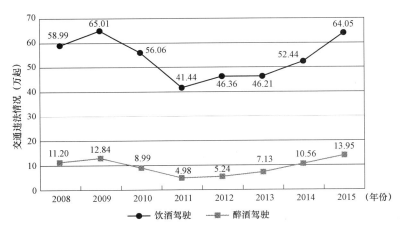

图 1-2　2008—2015 年酒后驾驶交通违法情况

面对当下道路交通安全发展的新形势和新要求，积极探索先进的交通安全管理理论，突破理论应用所需的关键技术就显得尤为重要。传统交通安全分析的常见流程是发现事故黑点、分析事故原因、实施安全改善、进行安全评价四个阶段。该方法属于事故发生后的"亡羊补牢"，发生的交通事故已然造成了较大的人员伤亡和财产损失。同时，改善措施的提出受限于已经形成的道路交通环境，改善措施的实施受到多方面限制，经济和人力成本较高。最后，该方法虽然有利于短期内的交通安全环境改善，难以促进长期性的、全局性的区域交通安全水平提升[8-9]。

国内外很多学者都认识到现有交通安全分析方法的局限性，于是交通安全规划理论被提出并成为当前国际道路交通业界和学界最为前沿的研究方向之一。交通安全规划是指在传统的交通规划过程中，从宏观角度出发，将交通安全作为首要的规划目标和评价指标，并且将交通安全规划贯穿于整个交通系统方案的设计、建设、评价以及后期的交通运营管理全过程中，在不同阶段实现主动预防，而非被迫改善，从而实现对交通事故的标本兼治。美国、加拿大、日本等发达国家从2000年左右开始了交通安全规划研究，并颁布了多项交通安全规划的法案规定[10]。我国自2004年5月1日颁布首部《中华人民共和国道路交通安全法》后，也逐步展开了交通安全规划研究。2006年，王岩、杨晓光等首先提出"主动道路交通安全规划"定义，框架体系以及目标函数。龚标等在研究发达国家道路交通安全规划的框架结构和规划内容基础上，提出了我国道路交通安全规划的基本框架[11]。陆化普等提出了"道路交通安全管理规划"的定义和编制规划应遵循的原则，并给出了规划思路、规划技术路线和规划内容的建议[12]。

然而，国内的交通安全规划研究仍处于初级阶段，缺乏具有实践意义的系统理论和应用技术积累，真正意义上规划层面的交通安全目标还远未实现。2014年，黄合来等提出交通安全规划的研究热点在于事故预测模型，特别是基于空间统计分析方法的区域事故预测模型；2016 年，王雪松等提出未来的研究重点是探索建立可靠的城市交通安全规划方案预测模型，为定量化的交通安全规划目标制定提供依据。2018 年，我国《道路交通安全"十三五"规划》更是明确提出要"加强道路交通安全基础理论与技术研究"。由此可见，基于不同交通安全改善目标，如何进行科学、可靠的区域交通事故预测，是构建交通安全规划理论体系必须要解决的关键科学问题。

最后，交通安全规划理论的研究与应用离不开事故数据的支撑，科学、可靠的获取和采集交通事故数据是研究基础。在交通事故案例数据收集项目方面，国外的交通事故案例数据调查项目有：德国事故深入研究（German In-Depth Accident Study，GIDAS）、英国的协同碰撞伤害研究（Co-operative Crash Injury Study，CCIS）、美国碰撞伤害研究与工程网络（Crash Injury Research and Engineering Network，CIREN）以及加拿大交通运输部建立的交通事故信息数据库（Traffic Accident Information Database，TRAID）等项目和平台[13]。

在国内，2011 年 7 月，中国汽车技术研究中心联合多家车辆制造企业发起中国交通事故深入研究项目（China In-Depth Accident Study，CIDAS），旨在对中国道路交通事故开展深入数据调查、分析和研究，为汽车行业提供基础数据支持和技术服务[14]。2011 年 8 月，国家质检总局缺陷产品管理中心联合国内多家车辆事故研究机构、机动车司法鉴定中心共同建立国家车辆事故深度调查体系（National Automobile Accident In-Depth Investigation System，NAIS），服务我国汽车召回、车辆事故研究、汽车产品安全性改进等。如图 1-3 所示，2015 年公安部交通管理科学研究所建立了道路交通安全研究信息共享平台（Road Safety Research Platform，RSRP），为我国道路交通安全研究提供了数据资源共享和技术交流平台。尽管如此，交通安全研究数据的获取依然面临着众多困难。随着大数据时代的来临，机器学习和数据挖掘等理论不断推陈出新，开源的交通安全研究数据获取手段和分析方法得到极大丰富与提升，这些都为创新性的交通安全规划研究提供了崭新的研究思路和技术支持。

图 1-3　公安部道路交通安全研究信息共享平台

1.1.2　研究目的

根据以上交通安全形势和酒驾事故现状剖析，特别是交通安全规划理论的研究进展分析，本书从城市地理空间视野着手，以区域酒驾事故预测为总体目标，主要目的是：

（1）丰富和完善现有的交通事故数据采集技术手段，为空间交通安全研究提供数据支撑。同时，全面剖析酒驾事故的特征规律，促进人们对酒驾行为严重危害的深层认识。

具体包括：建立酒驾事故文本数据采集技术流程，基于多种数据技术对事故数据、酒精可获性数据、人口密度和路网密度数据进行提取，为后续相关空间研究提供必要基础；解析酒驾事故预防调查问卷数据，研究个人酒驾交通行为特征，探讨组合事故预防策略；交叉分析酒驾事故驾驶员、车辆类型、事故发生时间，血液采集间隔时间等基本特征；定量研究比较饮酒驾驶和醉酒驾驶对事故严重程度的影响。

（2）开展无空间效应酒驾事故预测研究，运用机器学习等多种数据挖掘新方法，并与传统线性回归预测方法进行对比分析，为后续的酒驾事故空间效应分析提供对比参考。

具体包括：具体分析酒驾事故影响因素与酒驾事故的相关性特征，基于多重共线性检验和对数化处理等方法进行数据预处理，先构建传统的线性最小二乘法回归模型，然后基于机器学习理论构建人工神经网络和支持向量回归等模型，最后开展线性和非线性区域酒驾事故预测的对比分析。

（3）充分考虑酒驾事故影响因素的空间交互效应，引入空间计量经济学理论进行区域酒驾事故预测，完善区域交通事故预测理论，力求推动交通安全规划基础理论和技术实践的发展，促进我国交通事故"零伤亡"愿景的早日实现。

具体包括：基于空间相关性和空间异质性等地理空间理论，分别构建多个空间效应模型，从全局角度到局部角度逐步深入，探索研究酒精可获得性与酒驾事故之间的内在复杂关系，全面掌握不同空间区域划分情况下、不同影响因素对酒驾事故的空间作用，最终对比建立区域酒驾事故预测模型。

1.2 主要研究内容及技术路线

本书以酒驾事故研究为切入点，致力于解决交通安全规划理论的关键科学问题，即如何构建区域酒驾事故的预测模型，特别是研究分析空间效应对酒驾事故预测的影响。具体而言，包括如下四个关键技术问题：

◇ 酒驾事故的根源在于驾驶员饮酒驾驶，酒驾事故发生与酒精销售或消费地点的多少，即酒精可获得性之间是否存在相关关系？（**酒驾事故与酒精可获得性之间是否存在相关关系？**）

◇ 人们传统认知认为，酒驾事故发生与餐饮点的饮酒消费具有直接相关关系，实际中是否如此？其他酒精获得来源是否能更好地描述这种相关关系？（**酒驾事故和哪种酒精可获性变量相关关系更为显著？**）

◇ 不同区域的酒驾事故影响因素，除了对本区域的酒驾事故发生造成影响外，还有可能影响邻近区域的酒驾事故发生，如何定量描述这种空间交互影响？（**如何定量描述酒驾事故影响因素的空间交互影响？**）

◇ 处于不同城市地理空间区域的酒驾事故影响因素，对酒驾事故发生的影响效能是否一致？（**如何定量描述空间位置差异带来的空间效应差别？**）

为解决这些问题，围绕酒驾事故预防的交通安全规划理论和技术应用研究，将本书的主要内容设置为以下四个方面：

1. 酒驾事故数据采集及特征分析

研究调查问卷数据、血液酒精含量检验报告数据、酒精销售和消费相关兴趣点（Point of Interest，POI）数据、人口密度数据和路网数据等多源数据的采集及特征分析。具体内容为：基于 VBA 编程进行酒驾事故大数据提取；基于 C++编程通过高德 API（应用程序编程接口）进行空间地理编码；基于地理空间分析软件 ArcGIS 进行事故发生点与血液采集医疗机构空间距离、POI 点密度、路网密度和交叉口密度计算等。开展酒后驾驶交通行为调查，设计调查问卷深入剖析饮酒消费特征，酒后驾驶行为认知以及酒后驾驶预防认知。基于城市地理空间视角，多维度研究分析酒驾驾驶员、车辆类型、事故发生时间、血液采集间隔时间等酒驾事故基本特征。最后，构建 Logistic 酒驾事故严重程度回归模型，对饮酒驾驶和醉酒驾驶的事故危害进行量化比较分析。

2. 不考虑空间效应的酒驾事故研究

基于统计分析软件 SPSS Statistics 具体分析酒驾事故影响因素之间、影响因素与酒驾事故的相关性特征，基于多重共线性检验和对数化处理等方法进行数据预处理。在总结归纳线性回归理论基础上，构建经典的最小二乘法回归模型，并对回归方程和回归系数进行检验。运用机器学习理论，基于 Python 编程构建人工神经网络模型和具有不同类型核函数的支持向量回归模型，对线性模型和非线性模型预测效果进行对比，获得不考虑空间效应的区域酒驾事故预测模型。

3. 酒驾事故空间相关性研究

在考虑空间效应情形下，引入空间相关性理论，基于全市空间区域和市区、近郊区以及远郊区两种不同区域划分方式，运用 MATLAB 软件编程从全局角度对区域酒驾事故进行空间效应分析。首先，对不同空间尺度、不同空间权重矩阵下酒驾事故空间相关性进行检验。其次，运用拉格朗日乘数检验等探索分析酒驾事故空间效应。最后，基于不同空间效应理论，构建不同类型的空间相关性模型，并对模型效果进行比较检验，确定区域酒驾事故的最优空间相关性预测模型。

4. 酒驾事故空间异质性研究

在考虑空间效应情形下，引入空间异质性理论，从局部角度进行区域酒驾事故空间效应分析。基于不同空间权重函数、不同带宽选择、不同检验准则构建多个空间地理加权模型，对比分析确定最优带宽和空间权重。更进一步，考虑到不同区域全局变量和局部变量同时存在的可能性，构建具有变系数的混合地理加权回归模型，最终比较确定区域酒驾事故的最优空间异质性预测模型，并重点对全局变量和局部变量进行可视化展示和分析。

综上所述，面对国内外交通安全严峻形势，本书致力于推动交通安全规划理论和技术前进，从城市空间地理视野着手，以区域酒驾事故预测为总体目标，深入研究酒驾事故数据采集技术和事故基本特征，在不考虑空间效应情况下构建线性和非线性酒驾事故预测模型，在考虑空间效应情况下构建空间相关性和空间异质性预测模型，如图1-4所示形成"数据采集—特征分析—有无空间效应分

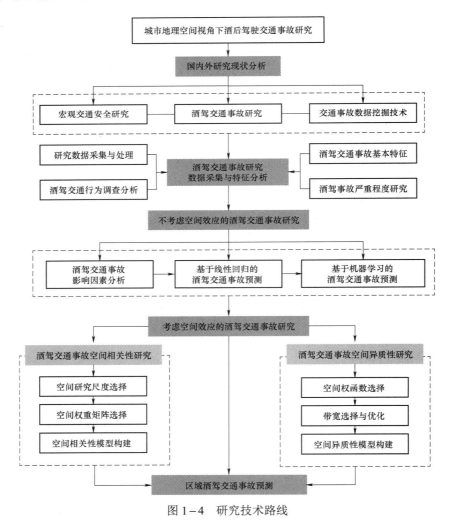

图1-4　研究技术路线

析—区域事故预测"的技术流程，最终优选确定区域酒驾事故预测模型，为避免酒后驾驶交通事故的交通安全规划、管理和预防提供技术支撑和决策支持。

1.3 章节构成

根据研究内容安排，围绕城市地理空间视野下，酒后驾驶交通事故的数据采集、特征分析、空间效应和预防对策等问题展开研究，共包括六章内容：

第1章，绪论。重点介绍研究背景和研究目的，阐述主要研究内容，并对技术路线进行说明。

第2章，国内外研究现状综述。重点总结回顾了宏观交通安全研究、酒驾交通事故研究、交通事故数据挖掘技术等方面的研究方法和理论，通过评述现有研究理论与方法的不足，明确指出研究重点。

第3章，酒驾交通事故数据采集及特征分析。重点介绍了酒驾事故数据、POI 数据和其他相关数据的采集方法，为后续研究打下基础。对酒后驾驶行为进行调查并进行深度分析，研究个人对酒驾交通行为的认知。对酒驾事故的基本特征进行多维度交叉分析，探索研究酒驾事故的空间特征差异。最后，重点对饮酒驾驶和醉酒驾驶的事故严重程度差别进行了建模分析，量化对比不同因素对事故严重程度的影响。

第4章，不考虑空间效应的酒驾交通事故研究。重点针对酒驾事故影响因素的相关性特征进行研究，进而进行变量多重共线性检验和对数化处理，为后续研究打下基础。然后在总结线性回归理论的基础上，构建传统线性回归模型。基于机器学习理论，分别建立了人工神经网络模型和支持向量回归模型，并对前述线性模型和非线性模型的预测效果进行整体对比分析，形成不考虑空间效应的区域酒驾事故预测模型。

第5章，酒驾交通事故空间相关性研究。重点介绍了空间计量经济理论中的空间相关性理论，全面阐述了空间相关性的莫兰指数检验、不同空间尺度选择、不同空间权重矩阵构成，详细剖析不同空间效应的空间计量模型构建方法，基于全市和分区域两种不同空间划分形式进行了实证研究，定量分析了影响因素的空间效应，形成基于空间相关性的区域酒驾事故预测模型。

第 6 章，**酒驾交通事故空间异质性研究**。重点介绍了空间计量经济理论中的空间异质性理论，具体介绍了不同空间权重函数，对比了带宽选择方法和模型优化准则，充分考虑解释变量系数的局部特征，对构建地理加权模型和混合地理加权模型进行实证研究，并对全局系数和局部系数的空间分布特征进行分析研究，形成基于空间异质性的区域酒驾事故预测模型。

1.4 本章小结

交通事故是导致全世界人民生命财产安全损失的第一杀手。随着我国经济的发展和城市化进程的加快，机动车保有量不断提升，交通安全形势虽总体平稳，但交通安全事故伤亡人数仍然居高不下，交通管理部门日常执法工作任务艰巨，人民大众的交通安全意识尚有很大的提升空间。为此，本书以酒后事故预防为总体目标，从城市地理空间视野着手，在综合短期交通安全改善和长期交通事故预防的基础上力求标本兼治，重点解决酒驾事故四大技术问题，形成"数据采集—特征分析—有无空间效应分析—区域事故预测"的区域酒驾事故预测技术流程，完善和丰富我国交通安全规划的基础理论和技术实践内涵。

本章详细叙述了研究背景和研究目的，在提出拟解决的问题后重点介绍了主要研究内容和整体研究思路，最后阐述了各部分的章节安排。

 第 2 章

国内外研究现状综述

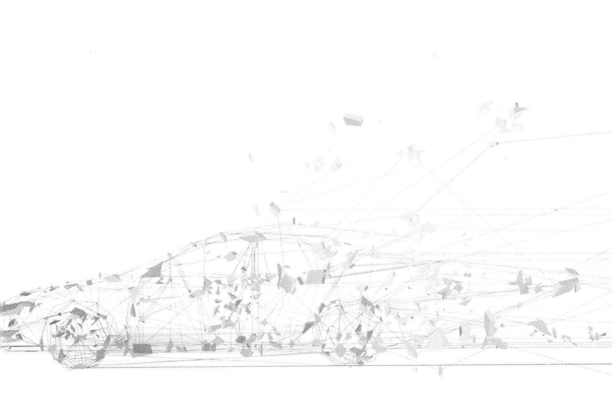

区域事故预测是交通安全规划理论中的关键理论和技术应用,本质上属于宏观交通安全研究范畴。为深刻了解酒驾事故相关研究发展状况,在总结我国酒后驾驶基本定义基础上,收集整理宏观交通安全研究、酒驾交通事故研究、交通事故数据挖掘技术研究三大方面的国内外文献,通过梳理相关研究成果,为后续研究明确方向。

2.1 酒后驾驶基本定义

2.1.1 酒后驾驶认定

酒后驾驶原义泛指驾驶员饮酒后驾驶车辆。根据我国 2011 年 7 月 1 日实施的强制性国家标准《车辆驾驶人员血液、呼气酒精含量阈值与检验》(GB 19522—2010),将酒后驾驶分为饮酒驾驶(Driving Under the Influence of Alcohol,DUI)和醉酒驾驶(Driving While Intoxicated,DWI),并规定车辆驾驶人血液酒精含量阈值如表 2-1 所示。其中,车辆驾驶人是指机动车驾驶人员和非机动车驾驶人员,酒精含量是指车辆驾驶人员血液或呼气中的酒精浓度。血液酒精含量(Blood Alcohol Concentration,BAC)的检验方法按照《血液酒精含量的检验方法》(GA/T842-2009)规定执行。

表 2-1 车辆驾驶人血液酒精含量阈值

驾驶行为类别	阈值(mg/100 mL)
饮酒后驾车	≥20,<80
醉酒后驾车	≥80

2011年2月25日,十一届全国人大常委会第十九次会议表决通过的《中华人民共和国刑法修正案(八)》首次将醉酒驾车规定为犯罪,罪名为危险驾驶罪,并于2011年5月1日正式实施。其中第一百三十三条之一规定:"在道路上驾驶机动车追逐竞驶,情节恶劣的,或者在道路上醉酒驾驶机动车的,处拘役,并处罚金。对于危险驾驶罪,在公安机关查获现场,都是以呼气方式检测血液酒精含量,如果驾驶员血液酒精含量达到 80 mg/100 mL 以上的,应当带至医疗机构抽取血液,以血液检测数值为准。

同时,最高人民法院、最高检察院和公安部于2013年12月18日联合发布的《关于办理醉酒驾驶机动车刑事案件适用法律若干问题的意见》对逃避血液检测做出说明:如果犯罪嫌疑人经呼气酒精含量检验达到醉酒标准,在抽取血液之前脱逃的,可以以呼气酒精含量检验结果作为认定其醉酒的依据。

2.1.2 酒后驾驶法律责任

2011年4月22日,第十一届全国人民代表大会常务委员会第二十次会议通过《全国人民代表大会常务委员会关于修改〈中华人民共和国道路交通安全法〉的决定》,自2011年5月1日起施行。其中第二十二条规定:机动车驾驶人应当遵守道路交通安全法律、法规的规定,按照操作规范安全驾驶、文明驾驶。饮酒、服用国家管制的精神药品或者麻醉药品,或者患有妨碍安全驾驶机动车的疾病,或者过度疲劳影响安全驾驶的,不得驾驶机动车。第九十一条规定相关处罚如表2-2所示。

表2-2 我国酒后驾驶相关法律法规

违法行为	处罚措施
饮酒后驾驶机动车	饮酒后驾驶机动车的,处暂扣6个月机动车驾驶证,并处1 000元以上2 000元以下罚款

续表

违法行为	处罚措施
饮酒后驾驶机动车	因饮酒后驾驶机动车被处罚,再次饮酒后驾驶机动车的,处 10 日以下拘留,并处 1 000 元以上 2 000 元以下罚款,吊销机动车驾驶证
醉酒驾驶机动车	由公安机关交通管理部门约束至酒醒,吊销机动车驾驶证,依法追究刑事责任;5 年内不得重新取得机动车驾驶证
饮酒后驾驶营运机动车	处 15 日拘留,并处 5 000 元罚款,吊销机动车驾驶证,5 年内不得重新取得机动车驾驶证
醉酒驾驶营运机动车	由公安机关交通管理部门约束至酒醒,吊销机动车驾驶证,依法追究刑事责任;10 年内不得重新取得机动车驾驶证,重新取得机动车驾驶证后,不得驾驶营运机动车
饮酒后或者醉酒驾驶机动车发生重大交通事故	终生不得重新取得机动车驾驶证

此外,我国在公务员考录、事业单位招考、参军入伍等方面都要进行政审工作,被政审人及其近亲属一旦因为酒后驾驶被判处拘役(即已经触犯刑法),将对被政审人产生一定程度影响。对于已经在这些单位工作的驾驶员,酒后驾驶违法导致刑事犯罪行为同样会对职务晋升、职称评审、岗位聘任等方面造成影响。

2.1.3 饮酒对驾驶特性影响

美国学者认为人体内 BAC 值为 0.03 时,驾驶能力就有降低。日本学者研究认为,BAC 值达到 0.5 mg/mL 时,驾驶机能受到影响,辨色力降低,选择、反应时间增加,错误反应增加 46%。人在饮酒后,酒精被胃壁、肠壁迅速吸收,渗入体内组织。当大脑及其他神经组织内的酒精浓度增高时,中枢神经的活动逐渐变得迟钝,并延至脊髓神经,使判断力发生障碍,进而手脚迟缓,同时脉搏加快。酒精对人体的麻醉作用还会造成记忆障碍,导致饮酒者记忆和认知功能降低。饮酒后多数驾驶员的主观特征呈现出明显的追求刺激、激进驾驶的倾向。在驾驶适应性指标受影响情况方面，饮酒后驾驶员血压明显下降，视力下降，音刺激与光刺激反应时间增长，深度知觉偏差增大，估计速度变快。在这些因素的共同作用下，驾驶员获取、认知、判断和处理信息能力下降，从而更易于导致重大交通事故的发生[15]。

酒后驾驶交通事故空间分析

2.2 宏观交通安全研究

2.2.1 国外研究现状

国外发达国家，特别是美国，在宏观交通安全研究方面起步较早。从 1996 年开始，美国制定了一系列的交通安全战略规划，具体包括《道路安全战略计划》（1996），《冰茶法案》和《21 世纪交通运输公平法案》（1998），2007 年，美国交通运输联邦委员会发布的"Considering Safety in the Transportation Planning Process"具体提出了交通安全规划的目标[16]。在这些战略规划指导下，许多宏观交通事故预测模型被提出并应用到了长期的交通安全规划过程中。2000 年，Lascala[17]等学者对基于人口普查区域对行人交通事故展开研究，发现行人伤亡率与当地人口年龄构成、失业率、性别和教育程度等相关。交通分析小区（Traffic Analysis Zone，TAZ）在许多宏观安全研究中得到了广泛的应用，为进一步研究空间尺度对事故预测模型的影响，Lee[18-19]在人口普查区、人口普查单元组、交通分析小区、邮编区域、交通分析行政区等 7 个空间尺度下，建立全部事故、严重事故、行人事故和自行车事故预测模型，结果表明，使用邮政编码区域的全部事故模型、严重事故模型和自行车事故模型表现最佳，使用人口普查区域划分的行人事故预测模型优于其他模型。

更为重要的是，很多学者针对交通事故的空间效应展开研究。Soltani[20]等将伊朗设拉子市（Shiraz）划分为 156 个 TAZs，使用空间自相关方法（如 Moran's I 指数等）对事故点进行空间聚类。Siddiqui[21]基于交通分析小区空间尺度研究行人和自行车交通事故，引入具有空间相关性模型的贝叶斯模型效果更好。Cai[22]等基于 TAZ 尺度，分别在有无空间溢出效应情况下建立零膨胀负二项模型和 Hurdle 负二项模型，对行人和自行车的交通事故进行建模预测，结果表明考虑本地交通小区以及相邻交通区影响因素的零膨胀负二项模型预测结果更佳。Zeng[23]等利用贝叶斯空间随机参数 Tobit 模型来分析路段事故率，结果表明考虑空间相关性有助于提高模型预测准确率。Liu[24]等利用贝叶斯时空模型研究区域碰撞频率趋势，结果表明空间效应比时间效应在预测中具有更为重要的作用。Ratrout[25]等利用 19 个参数对 3 个不同城市的交通事故进行因子分析，结果表明一天中的特定时段和特定年龄组更有助于事故特征描述。

综上所述，在国外道路交通安全越来越被视为是交通规划中的必要组成部分[26]，区域安全预测模型被认为是将交通安全改善与长期交通规划结合起来的重要方法[27]。对宏观安全研究的结果表明，交通分析小区是国际交通安全研究者普遍认可的宏观空间分析尺度，考虑空间相关性有助于提高事故预测结果，同时，事故的空间效应比时间效应更为重要，这些都说明了宏观交通事故预测建模十分有必要纳入空间因素考虑。

2.2.2　国内研究现状

《中华人民共和国道路交通安全法》第四条规定，县级以上地方各级人民政府应当适应道路交通发展的需要，依据道路交通安全法律、法规和国家有关政策，制定道路交通安全管理规划，并组织实施。近年来，国内部分学者在宏观交通安全研究方面从不同角度进行研究，也取得了很多成果。

宏观交通事故预测模型的空间尺度和空间权重选择问题，同样得到了国内研究者的重视。黄合来[28]等基于人口普查单元组、交通分析小区、人口普查区、邮政投递区 4 种区划方案进行宏观事故建模，研究结果表明宏观交通安全分析结果会随着空间单元划分方式不同而产生显著差异。因此，Wang[29]等将上海市分为 263 个交通小区，采用邻接矩阵、边界长度、小区几何质心距离、碰撞加权质心距离等 7 种不同空间权重函数，建立贝叶斯条件自回归模型，模型结果表明，首次引入作为宏观安全分析的几何质心距离空间权重优于其他空间权重。Li[30]等将交叉口和路段相结合，构建条件自回归中观事故预测模型，对信号间隔和街道网络模式的安全性进行了评估。Yu[31]等提出基于分层潜类别模型考虑道路几何特性的异质效应，并利用贝叶斯随机参数逻辑回归进行事故风险分析。Xu[32]等提出对传统交通分析小区进行调整的四种办法：尽可能使用分散数据、关注空间非平稳性、设计最优区域系统、进行灵敏度分析。Guo[33]等基于TAZs尺度，基于四种不同的贝叶斯模型进行了自行车交通事故研究，结果表明空间泊松对数正态模型最佳拟合优度，自行车事故具有显著的空间相关性，事故的发生与自行车和车辆出行量、居住、商业区密度和交通信号密度呈正相关，与自行车网络指标（如平均边缘长度、平均区域坡度和街道外自行车连接线）之间存在负相关。Li[34]等从宏观层面分析了共享单车进入市场前后自行车交通事故变化的情况，结果表明摩拜单车（Mobike）的供给量对安全性有负面影响，而票价则有正面影响。

特别重要的是，2018年9月，Jia[35]等提出基于开放源码兴趣点（Point of Interest，POI）数据的宏观交通事故空间聚类方法，同时指出交通事故是短期评估的离散和非负性事件，但在空间上与长期宏观交通水平估计相关。这与杨晓光[36]等的观点类似，交通事故是交通出行的结果之一，而城市道路交通规划恰恰决定了交通出行的数量、方式、到达规律和空间分布规律，这些结论强有力地说明微观交通事故和宏观交通规划之间存在密切联系。

更为新颖的是，Jia等充分利用了开源POI数据进行宏观事故分析，极大扩展了宏观交通安全的研究视野。但该研究同时存在不足之处：首先，该文献仅就苏州工业园区进行区域事故预测，缺乏对整个城市交通事故水平的宏观估计；其次，只考虑了区域内影响因素对事故发生的影响，没有考虑到周边交通小区对本区域事故发生的空间影响。最后，缺乏对空间非平稳性的深入研究，无法体现空间地域差别对事故发生的影响。

综上所述，国内专家学者虽开展了宏观交通安全研究并取得了很多研究成果，但面对我国仍然严峻的交通安全形势，无论是研究团队数量还是研究成果数量仍然偏少。特别是依然缺乏对于整个城市以及城市内部不同区域交通事故预测的建模和对比分析，同时专门针对事故空间溢出效应和空间异质性研究的文献极少，研究深度也有待加强。

2.2.3 小结

总而言之，从国内外宏观交通安全现状研究成果可以看出，在交通安全规划区域交通事故预测中，十分有必要纳入空间效应进行建模探索分析，同时还需特别关注空间建模过程中不同空间尺度和空间效应对模型预测精度的影响。更为关键的是，目前国内交通安全规划虽取得一定进展，但针对不同类型交通事故预测的基础理论和实践应用研究依然较少，研究广度和深度有待进一步深化，与传统交通规划衔接的交通安全研究还较为缺乏，尚未形成完整的一体化应用体系，无法具体指导我国交通安全规划战略的推进。

2.3 酒驾交通事故研究

鉴于酒后驾驶行为是诱发交通事故，导致人员伤亡的重要原因之一。国内外一直以来都非常重视相关研究，都从不同角度深入研究酒驾事故的特征规律。具体集中在三个方面：一是酒后驾驶法律法规标准和实施效果评估等；二是对酒驾认识、酒后驾驶行为、酒驾事故特征规律等进行研究；三是对酒驾事故影响因素，如酒精的可获得性等进行研究分析。具体相关研究现状介绍如下：

2.3.1 国外研究现状

1. 法律法规制定与评估

世界卫生组织《2018 年全球道路交通安全状况报告》指出血液中酒精含量（Blood Alcohol Concentration，BAC）限值是避免酒驾事故发生的核心，并指出 BAC 值立法的最佳实践做法是一般人群的 BAC 限值为 50 mg/100 mL，年轻或新手驾驶员的 BAC 限值为 20 mg/100 mL。Castillo-Manzano[37]等基于 1999—2012 年的面板数据对欧盟 28 个成员国的饮酒消费和法律法规政策进行了评估。Otero[38]等对智利血液酒精含量标准法规的实施效果进行了评价。Fell[39]基于对数线性回归模型，对警察不同的执法强度（设置酒驾检查站或巡逻等）与酒驾事故率水平进行了研究，结果表明，酒后驾车被捕率增加 10%，酒后事故率将会降低 1%。Alonso[40]对西班牙 1 100 名西班牙驾驶员进行问卷调查，结果表明人们不想酒驾的原因是避免事故（28.3%）而非避免法律制裁（10.4%），酒驾原因主要是"没有另一种回家的方式"（24.5%），同时 17.3%的司机认为饮酒行为的产生与吃饭密切有关，最后，研究还指出了解饮酒对安全驾驶和驾驶技能的影响，了解与酒后驾车有关的交通法规，并对其进行严厉惩罚是不够的。

2. 酒驾交通行为特征

1997 年，Lee[41]等基于混合模型分别测定了全样本以及男性和女性的饮酒后驾驶员状态与酒精来源、饮酒地点和饮酒量间的关系。Bachani[42]等对柬埔寨的饮酒认识、态度和行为（Knowledge Attitude Practice，KAP）进行了调查。Stephens[43]等指出酒精消费模式因年龄、性别和工作状况而不同。酒后驾车行为和高风险饮酒模式的司机不太认同酒后驾车会导致事故风险增加，而且当他们相信自己能逃脱酒后驾车惩罚的可能性更大。相反，没有报告酒后驾驶和低风险消费模式的司机更可能认为执法策略过于宽松。Armstrong[44]等基于澳大利亚昆士兰警方的随机呼吸测试（Random Breath Testing，RBT）数据，对农村地区和城市地区驾驶员的特征进行比较分析，说明农村地区的每辆 RBT 检查车的酒驾检测率更高，每名持照驾驶人的酒驾可能性也高于州平均水平。国外研究者还对特定人群的酒驾行为进行了专门研究。Siciliano[45]等对意大利 15～19 岁青少年的饮酒行为进行问卷调查，结果显示非法药物使用、父母监管、同龄人和兄弟姐妹的影响对青少年饮酒具有重要作用。Kuerbis[46]等对退休后老年人的酒后驾驶行为特征进行了深入调查。Alcaniz[47]等指出高龄驾驶人是易于酒驾人群，通过将非随机和随机的检查控制方式结合起来，能有效增加驾驶员对酒后驾驶时被检测到的可能性。Armstrong[48]对澳大利亚女性驾驶员酒驾行为进行研究。结果表明：与男性相比，酒驾的女性驾驶员年龄相对较大，再次酒驾犯罪程度较低，在主要城市被逮捕的可能性更大。

3. 酒驾事故影响因素

1996 年，Gruenewald[49-50]等研究就表明酒精的可获得性与酒驾事故的发生具有密切关系。其中，餐饮店密度与酒驾事故发生呈正相关，酒吧密度与酒驾事故发生呈负相关。Campbell[51]、Richardson[52]等同样发现在销售密度较高的居民区，与酒精有关的住院和死亡人数要高得多，外卖性的销售点比只提供店内消费的销售点影响更为显著。但同时也有部分研究表明餐厅密度与车祸之间存在负相关。Treno[53]等在发现酒吧和外卖型销售点与酒驾事故发生存在正相关关系的同时，还发现以居住区位服务对象的餐馆与酒驾事故发生呈负相关关系。Kelleher[54]等发现县级机动车辆死亡率与酒精可获得性指标之间均无显著关系，同时农村居民的死亡率要高得多。更为重要的是，Morrison[55]等研究发现与酒驾事故与当地的酒吧密度无关，但与相邻区域的酒吧密度正相关。Lapham[56]等就研究发现美国 1/4 驾驶员在距饮酒地点不远处酒驾被捕，在家饮酒者一般在不超过 0.8 公里酒驾被捕，在酒吧、餐馆，或聚会饮酒者在平均 5.5 公里处酒后驾驶被捕。Lewis[57]等研究发现免下车售酒服务窗口是酒驾罪犯在被捕前购买包装酒的首选场所，免下车售酒服务窗口与高风险饮酒行为之间的相关性存在统计学意义。Hobday[58]等对澳大利亚 813 名饮酒驾驶员开展在线调查，结果显示大部分人会选择在 10 公里范围内购买酒精。

综上所述，国外对酒驾事故研究起步较早，这些研究大都通过问卷调查、电话访问、在线调查等方式进行，绝大部分国家都通过了禁止酒驾的法律法规，酒驾交通行为特征研究表明不同国家和地区的驾驶员饮酒消费习惯不同，农村地区酒驾事故更为多发。更为重要的是，国外针对酒精可获得性等影响因素与酒驾事故发生关系进行了深入研究，尽管文献结论不尽相同，但都为酒驾事故的预防打下了良好的决策基础。

2.3.2 国内研究现状

我国政府部门及学者对酒驾事故的相关管理与研究一直比较重视，如图 2-1 百度开题搜索结果所示，"酒后驾驶"1988 年开始出现相关研究，自 2015 年达到最热，截至 2016 年共有 1 180 篇相关文献，涉及法学、交通运输工程、公共卫生与预防等多个学科。

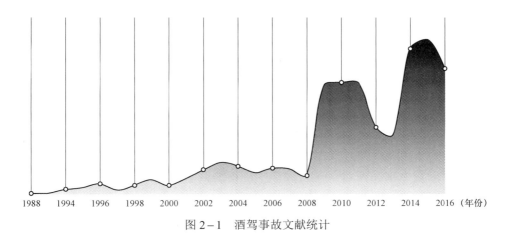

1988　1994　1996　1998　2000　2002　2004　2006　2008　2010　2012　2014　2016（年份）

图 2-1　酒驾事故文献统计

1. 法律法规制定与评估

在国内，由于绝大部分人口使用公共交通工具上下班，香港直到 1995 年才开始实施严禁酒后驾车的规定[59]。国家质量监督检验检疫局于 2004 年 5 月 31 日首次发布《车辆驾驶人员血液、呼气酒精含量阈值与检验》（GB 19522—2004）中对酒后驾驶行为的定义做出明确界定。鉴于酒驾事故的严重性，大量法学专家学者对酒后驾驶行为是否应该纳入刑法定罪惩罚（俗称"酒驾入刑"）等进行了大量研究和讨论。2007 年，袁春怡[60]等对"酒驾入刑"进行了初步研究，并提出了量刑建议。贾银亮[61]、周菊[62]和宋健[63]分别对中日、中美、中德的危险驾驶罪和道路交通安全监管体系进行了研究。唐英[64]等将酒后驾车与保险制度进行联系，对是否应该设立酒后驾车险种进行了深度研究。近年来，考虑到酒驾事故处理中的实际问题。胡新伟[65]等研究了醉驾犯罪行为的司法适用性，2019 年 1 月 11 日，湖南省人民检察院印发《湖南省人民检察院关于危险驾驶（醉驾）犯罪案件不起诉的参考标准（试行）》，上海、浙江、江苏等地也已经出台了关于类似司法解释，对危险驾驶犯罪案件中免于处罚、不起诉、缓刑以及不作为犯罪处理等做出了明确规定。

2. 酒驾交通行为特征

Zhao[66]等基于驾驶模拟器，通过对酒精对驾驶性能影响的特征分析，提取制动时间、制动速度等 7 个显著性指标，采用 Fisher 判别法对醉酒驾驶进行识别。Li[67]等使用驾驶模拟器研究酒精对驾驶性能的影响，发现制动反应时间和侧移标准差与饮酒水平相关。Jia[68]等基于社会人口特征、年龄、对比了银川和广州的酒驾事故特征。颜小銮[69]等采用路面随机拦截调查方法获取相应酒后驾驶发生率，采用问卷调查方法调查公众对酒后驾驶的知、信、行情况及自我报告酒后驾驶发生率。陈然[70]等对大学生群体的饮酒行为进行调查，大学生饮酒行为的主要影响因素有性别、感觉寻求特质、开始饮酒的年龄、就读学校类别、专业和年级、饮酒地点和时间等。与此同时，很多酒驾事故相关软硬件系统也得到了开发。张卓[71]等设计了一种基于可调谐二极管激光吸收光谱技术的车内酒精浓度检测系统，用于无接触快速检测车辆内部空气的酒精浓度。董勇[72]等设计开发了酒后驾驶违法行为人信息管理系统，从而提高酒驾事故管理工作效率。

3. 酒驾事故影响因素

对酒驾事故影响因素的分析大多分两类：一类是从微观角度研究，重点从交通事故发生的具体场景，包括驾驶员社会属性（性别、年龄、驾龄、安全意识等）、车辆类型及特征（机动车、摩托车、自行车等）和道路特征（长度、车道数、曲率半径等）。Zhang[73]等指出男性、私家车、城市普通公路、照明条件和事故时间与酒驾事故发生密切相关。茆汉梅[74]、林玲[75]等研究指出居民相关法律知识和安全意识的缺失会导致饮酒和酒驾行为更为严重，但通过媒体舆论宣传、户外宣传活动、召开教育警示大会等多种手段开展 KAP 干预，有助于降低酒驾事故发生。另一类是从宏观角度研究，通过城市空间结构（土地利用和交通设施）、道路网络特征（路网密度、交叉口密度等）、区域交通特征（交通运行状态、区位特征等）、社会经济（人均 GDP、不同产业比例等）等指标展开研究。张凤云[76]等对南京市 1 912 个重点娱乐街区周边开展随机驾驶员呼气酒精含量检查和问卷调查，结果表明娱乐场所周边地区酒后驾驶发生率为

3.57%，明显高于一般路测检查水平的 1.95%。

综上所述，国内针对酒驾事故展开了众多研究，围绕酒驾的法律法规制定、量刑条件、检验办法等形成了众多研究成果，对我国不同城市的酒驾事故特征展开了深度调查统计分析，但是，与国外国情不同，在国内采用电话调查等方法收集事故影响因素数据并不现实，交通事故数据的获取依然存在很大难度。因此，基于 POI 点等新技术获取的开源数据，为酒驾事故带来了全新的研究视野。另外，国内专门针对酒驾影响因素的研究文献，特别是从宏观角度研究的文献还极少，鲜有文献全面研究酒精可获得性与酒驾事故的关系，研究深度和广度有待深化。

2.3.3 小结

总而言之，从以上国内外研究现状分析来看，国内外对酒后驾驶行为均实施严格的法规管理，明确了血液酒精含量阈值，掌握了酒驾交通行为的基本特征，明晰了酒驾事故的基本特征规律。但国内外现有大部分研究，没有从城市宏观空间视野角度出发，探讨不同城市区域酒驾事故特征的差异，特别是对酒驾事故影响因素的空间交互效应研究还较为缺乏，服务宏观交通安全规划的区域酒驾事故预测模型尚未建立。

2.4 交通事故数据挖掘研究

数据挖掘是通过某种算法，从不确定、随机、大量的数据库样本数据中提取出隐含的有意义的知识和信息的过程[77]。数据库、统计学和机器学习等学科的发展为数据挖掘的实现提供了有力支持，其中，数据库为数据挖掘提供数据管理技术，统计学和机器学习为数据挖掘提供数据分析技术[78]。近年来，随着互联网和计算机技术的发展，交通大数据、交通事故深度调查、网络爬虫等数据采集、存储、管理、挖掘分析的技术迅速发展，大量机器学习算法被开发、应用在交通安全研究领域中。

2.4.1 国外研究现状

德国汉诺威医学院的 Otte[79]等通过对 GIDAS 数据库中 3 946 例机动车-自行车事故进行分析，总结归纳了自行车骑行者的受伤规律、程度、频率等事故特征。美国华盛顿大学的 Joon[80]等基于北卡罗来纳州 1997—2002 年机动车-自行车交通事故数据，基于多元 Logit 模型建立了交通事故伤害严重程度的预测模型。瑞典 Kröyer[81]等通过 2004—2008 年的交通事故数据分析，建立了骑车人年龄、受伤程度与车速之间的关系，以及与行人交通事故的差别。Franke[82]等基于二元 Logistic 模型和贝叶斯推理对重型卡车交通事故进行预测研究，结果表明道路类型影响最大。Rezapour[83]等基于有序 Logistic 模型对单车和多车下坡碰撞事故进行研究，结果表明性别、道路状况、车辆类型、碰撞点、车辆机动、安全设备使用、驾驶员行为等都对事故严重程度具有影响，单车和多车下坡碰撞事故的影响因素并不完全相同。Iranitalab[84]建立了多项式 Logit 模型、最近邻分类模型、支持向量机模型和随机森林模型四种统计和机器学习方法来预测交通事故严重性，结果表明最近邻分类模型应用效果最好。

2.4.2 国内研究现状

Xu[85]等对我国严重伤亡事故（死亡 10 人以上事故）进行研究，结果表明关联规则分析可揭示不同情况下发生严重伤亡事故的原因，并据此确定预防严重伤亡事故的潜在政策影响。孙轶轩[86]等从事故严重程度分析、事故预测和事故致因分析三个方面，运用分类、回归、聚类分析、关联规则挖掘等数据挖掘相关理论与方法，构建基于数据挖掘的道路交通事故分析体系。刘昕宇[87]等构建了序列模型和决策树模型来进行事故严重程度分析，结果表明雨天、夜晚（无照明）和碰撞类型是导致事故严重伤害的重要影响因素。陈燕芹[88]等基于模糊层次法、陈金林[89]等基于网络核密度法分别对交通事故多发点进行了鉴别分析。王少华[90]等将线性判别分析法对自行车交通事故中驾驶人的行为方式进行研究，结果表明能够达到 72.8%的分类准确率。

近年来，交通事故的空间挖掘技术得到了很多研究者的关注。王海[91]等在对"不完整的、错误的、重复的"三大类"事故脏数据"进行清洗的基础上，运用缓冲区分析、叠置分析和核密度聚类三种空间分析方法进行空间事故热点判别，但文章并未对哪种分析方法更好给出明确说明。彭振仁[92]等采用 Logistic 回归模型对交通事故伤害的影响因素进行分析，同时基于空间回归模型预测交通事故发生，结果表明多因素空间回归模型拟合效果较差。其原因有可能是研究前未充分考虑不同数据之间的多重共线性。董爱虎[93]等对柳州市交通事故，基于空间自相关性分析对事故多发点进行分析，并运用反距离差值法进行了图形化展示，研究结果表明交通伤害具有空间自相关性。

2.4.3 小结

总而言之，近年来随着大数据时代的到来，国内外很多专家学者充分运用了不同数据挖掘新技术，针对不同类型交通事故，特别是易于造成重大伤亡的行人、非机动车等交通事故，从交通事故严重程度、交通事故预测、交通事故影响因素分析等多个方面展开深入研究。特别是从空间角度研究交通事故成为研究热点，但现有研究对空间相关性等空间分析技术的研究运用仍处于初级阶段，如尚未科学界定交通事故空间特征范围的阈值，没有从全局和局部的角度对交通事故进行深入挖掘，缺乏对交通事故的空间异质性的研究分析。

2.5 本章小结

本章通过对宏观交通安全研究、酒驾交通事故研究和交通事故挖掘技术研究三个方面国内外研究现状进行全面梳理,可得到以下结论:

(1)交通事故虽然在短时期内具有离散性和随机性,但是在空间上与长期宏观交通水平估计是具有关联性的。

空间、交通、行为三者相互影响相互作用。宏观的空间功能结构和土地利用会直接引导交通出行供给和需求,导致不同交通行为产生,而交通事故是交通行为集聚产生的结果之一。微观交通事故研究关注导致交通事故发生和伤亡的具体影响因素,研究目的是提出针对性的对车、路和环境的改善措施;而宏观层面的交通事故研究则集中在交通事故与社会、经济、环境之间的相互关系,以社会经济发展、土地利用等指标为变量,分析经济发展与交通安全之间的变动关系,探索交通安全发展趋势,为宏观政策的制定提供参考。现阶段我国在宏观交通安全研究方面的成果依然相对较少,在交通安全规划区域交通事故预测中,十分有必要纳入空间效应进行探索性研究。

(2)现有国内外研究立足不同目标对酒驾事故开展研究,但对不同城市空间区域酒驾事故基本特征和空间效应特征研究仍然不足,尚未形成服务宏观交通安全规划的区域酒驾事故预测基础理论体系和技术应用方案。

已有研究大多只考虑研究区域内各类因素对酒驾事故产生的影响,忽视研究区域各类因素对邻近区域事故发生、研究区域事故发生与邻近区域事故发生之间的交互影响。在实际中,相邻地理空间对象之间往往存在扩散或溢出等空间相互作用,如交警在某区域开展酒驾专项治理或在重点路段设点盘查,会在一定时期内对本区域驾驶员产生威慑,同时还会产生辐射效应,对邻近区域驾驶员产生威慑，从而导致一定范围内酒驾事故率的降低。更为可能的是，酒驾事故并非一定发生于酒精购买与消费区域本地，驾驶员可能在某区域购买或消费后，驾车行驶一定距离到达其他区域后发生交通事故。另外，国内酒类销售网点并不需要专门的售酒执照，酒精来源渠道众多，现有研究并未对不同商业服务设施用地的酒精可获得性与酒驾事故的相关性开展进一步深入研究。

综上所述，酒驾事故危害严重，事故发生机理复杂，考虑到宏观交通安全研究的重要性，十分有必要在对酒驾事故基本特征分析的基础上，融入空间效应特征进行探索研究，建立区域交通安全预测的量化分析模型，推动宏观交通安全规划的理论研究和技术应用。本书针对当前国内外研究不足，创新性地从城市空间角度出发：首先，基于多种数据采集技术提取调查问卷数据、酒驾事故数据、开源的酒精可获性数据、人口密度数据、路网密度和交叉口密度数据，在总结归纳酒驾交通行为和事故基本特征的基础上，建立酒驾事故危害程度的 Logistic 模型，进一步明确了饮酒驾驶和醉酒驾驶的危害程度差别。其次，对酒驾影响因素数据进行分析，在总结线性回归理论的基础上，分别构建 OLS（普通最小二乘法）模型、人工神经网络模型和具有不同类型核函数的支持向量回归模型，对线性模型和非线性模型预测效果进行对比，获得不考虑空间效应的区域酒驾事故预测模型。最后，引入空间计量经济学理论，构建酒驾事故空间预测的相关性模型和异质性模型，定量分析不同影响因素的空间效应，最终形成了基于全局和局部空间特征的区域酒驾事故预测模型。研究成果极大地丰富了现有交通安全规划基础理论和技术方法，将有助于交通安全规划理论的实践应用，辅助交通警察日常酒驾检查执法，对于制定酒后驾驶预防措施具有重要指导意义。

第 3 章

酒驾交通事故数据采集及特征分析

2017 年，我国公安交通管理部门处理酒后驾驶道路交通违法情况 822 189 起，醉酒驾驶违法情况 206 067 起，酒后驾驶违法行为数量极大，交通安全隐患极为突出。在深入开展酒驾事故空间效应分析之前，必须要获得真实、可靠、翔实的酒驾事故相关研究数据。同时，考虑到酒驾事故的发生主要是个人主观的饮酒驾驶行为等原因导致，因此，唯有将微观层面的个人行为特征与宏观层面的交通事故特征分析相结合，才能更为深刻地理解酒后驾驶交通事故的内在发生机理，并有针对性地开展酒驾事故预防。

如图 3-1 所示，本章首先运用多种技术手段对调查问卷数据、酒驾事故数据、酒精可获得性数据等进行提取和处理，为后续研究提供基础。其次，对调查问卷数据展开交叉分析，总结社会大众对酒后驾驶行为的认知特征。再次，多维度研究挖掘酒驾驾驶员、车辆类型、事故发生时间、血液采集间隔时间等酒驾事故基本特征。最后，构建 Logistic 酒驾事故严重程度回归模型，对饮酒驾驶和醉酒驾驶的事故危害进行了量化比较分析。

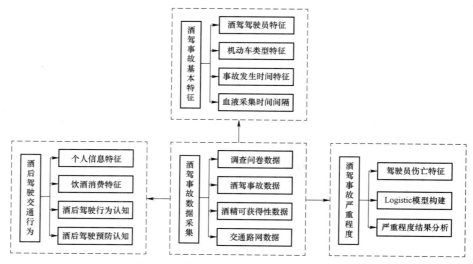

图 3-1 数据采集与特征分析研究思路

3.1 研究数据采集与处理

在查阅国内外相关文献基础上,本书首先开展酒驾事故预防问卷调查,对社会大众的饮酒消费行为和相关法律法规认识有了初步了解。其次,基于血液酒精含量检验报告采集了酒驾事故数据,同时采集了酒精销售和消费相关 POI 点数据作为酒精可获得性数据。最后,采集了交通路网数据和人口数据作为酒驾事故影响因素。所有研究数据仅用作交通安全科学研究,整个采集和使用过程符合我国相关规定,绝不涉及侵犯个人隐私。

3.1.1 研究区域介绍

天津,简称津,是中华人民共和国省级行政区、直辖市,地处中国华北地区,东临渤海,西靠首都北京和河北,北部和南部与河北接壤,天津市总面积 11 916.85 平方千米。截至 2017 年年底,天津市下辖 16 个市辖区。截至 2021 年年末,天津市常住人口 1 373 万人,实现地区生产总值（GDP）15 695.05 亿元,近年来天津市汽车拥有量如图 3-2 所示。为了更好地对比分析天津市不同空间区域的酒驾事故特征,本书从城市地理空间视野着手,按照行政管辖区划进行区域划分,如图 3-3 所示将全市分为市区（指市内六区）、近郊区（指环城四区）和远郊区（指其余六区）3 个区域,研究不同城市空间区域酒驾事故特征差别。

3.1.2 调查问卷数据

1. 调查问卷设计

酒驾事故发生的主观原因在于驾驶员饮酒后驾驶,衡量酒后驾驶行为最简单的方法就是使用自我评估问卷询问驾驶人的典型行为和认识,让驾驶人自身

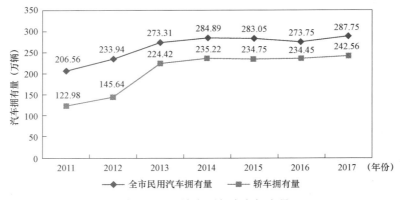

图 3-2 天津市历年汽车拥有量

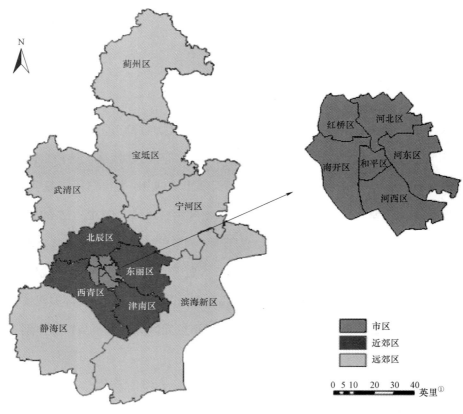

图 3-3 研究区域划分

---

① 1 英里≈1.61 公里。

成为有效的衡量工具。Selzer 在 1975 年编制了密西根酒精依赖调查表（Michigan Alcoholism Screening Test，MAST），其主要用途是筛出可能有酒精依赖问题的对象，常用于流行病学调查[94]。1989 年，世界卫生组织（World Health Organization，WHO）提出酒精依赖性识别测验（The Alcohol Use Disorders Identification Test，AUDIT），在经过 6 个国家试用之后建议推广到更多的国家和地区使用。在借鉴 MAST 和 AUDIT 量表的基础上，结合我国国情特色和日常生活实践，设计酒后驾驶交通行为调查问卷，主要包括：个人基本信息、饮酒消费特征、酒驾行为认知和酒后驾驶预防认识，具体调查问卷内容如附录所示。

2. 调查组织实施

本书面向社会大众，针对酒后驾驶行为进行问卷调查，为后续事故数据和酒精可获得性数据提取的合理性和科学性奠定基础。具体调查时间为 2017 年 10 月 22 日—11 月 1 日，调查问卷设计基于麦可思研究平台进行匿名调查，用户可通过登录网页或扫码二维码方式进行答题。最终收集有效调查问卷 220 份，其中包括男性 137 份和女性 83 份。

3.1.3 酒驾事故数据

如图 3-4 所示，基于 VBA 编程对血液酒精含量检验报告进行批量数据提取，为更准确地把握酒驾事故基本特征，在排除酒驾交通违法情况（尚未发生交通事故）、外省市委托和事故车辆乘客等检验报告后，最终筛选出有效事故案例共计 3 356 起。其中，饮酒驾驶交通事故 816 起，醉酒驾驶交通事故 2 540 起，涉及男性驾驶员占比 98.27%。

图 3-4　酒驾事故案例提取示意

整个原始数据采集过程耗时近3个月，鉴于检验报告存在数量较大、文本格式、报告格式和内容不统一等多种问题，而人工采集效率较低，成本较高，为此，基于VBA编程，提取报告文本内容并进行字符分割和公式运算，具体提取流程如图3-5所示。其中，最为重要的就是事故发生地点和血液采集地点的空间化，鉴于文本地址描述较为模糊，为可靠起见综合运用C++编程和空间地理工具GeoSharp两种不同方式，对比后确定事故发生地点和血液采集地点的经纬度坐标，继而基于经纬度坐标计算了事故发生地点和血液采集地点的空间距离。最终生成了检验报告名称、事故发生时间、事故发生地点、驾驶员性别、驾驶员年龄、驾驶员血液采集时间、血液采集地点和血液酒精含量等事故数据，用作后续研究分析。

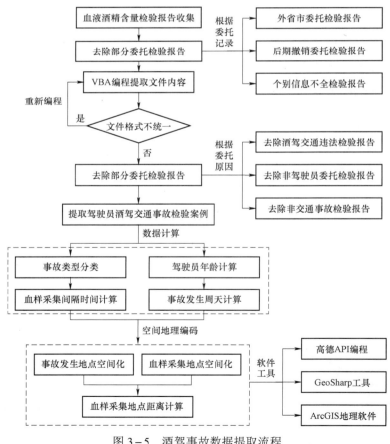

图3-5　酒驾事故数据提取流程

3.1.4 影响因素数据

酒驾事故发生的客观原因就在于酒精的销售和消费。本书将不同空间尺度下酒精销售或者消费相关的 POI 点密度，定义为"酒精可获得性"。显然，探索研究酒精可获得性与酒驾事故发生的关系，有助于人们理解在城市地理空间中，酒精可获得性的强弱，是否可能为导致酒驾事故在某些空间位置发生的重要原因。更进一步讲，即能否根据酒精可获得性大小、人口分布、交通道路网络等特征，探索发现城市空间区域特征因素如何具体影响酒驾事故发生，进而预测该区域酒驾事故的发生水平。

1. POI 点密度计算

基于空间地理编码工具可提取酒精销售和消费相关的不同类型 POI 点的经纬度坐标。但采集回来的 POI 点在空间效应建模前，还需基于行政区、街道、交通小区等不同空间尺度进行密度计算。基于 ArcGIS 软件的操作过程如图 3-6 所示，

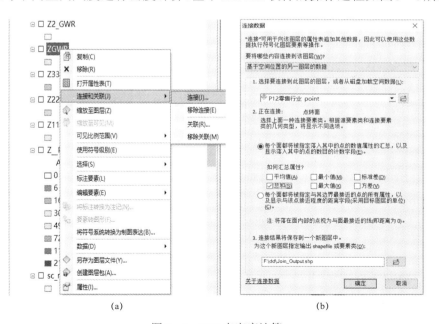

图 3-6　POI 点密度计算

（a）"连接和关联"操作图；（b）连接数据对话框

以交通分析小区为例，需要将不同类型的 POI 点图层和空间尺度面图层进行"连接"，先计算对应空间的 POI 点个数，然后通过面图层属性字段中的"计算几何"得到所在区域面积，在"字段计算器"用上述 POI 点统计值除以面积，则可得到不同交通小区的 POI 点密度。交通事故发生点密度的计算方法与之类似。

2. 交叉口密度计算

交叉口密度计算相对复杂，需要对路网进行编辑，建立路网拓扑关系后，将全部路网由交点处打断变为线段，继而创建路网交点图层。需要注意的是，此时的交点并非完全都是交叉口点，因为还有可能包括悬挂节点（路段的一端，而非交叉口）和自相交节点（圆），需要进一步甄别筛选。连接新生成的交点图层和原始路网图层，去除只与一条线或者两条线相交的交点，最终得到的交点图层即为交叉口点。统计交通小区内交叉口点个数，交通分析小区面积的计算与 POI 点计算类似，两者相比即可得到不同交通小区的交叉口密度。具体技术流程如图 3-7 所示。

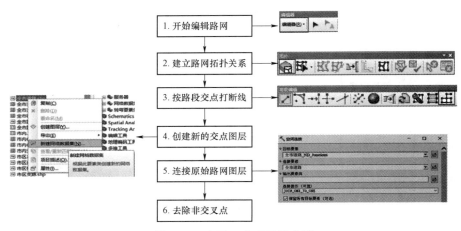

图 3-7 交叉口密度计算步骤

3. 路网密度计算

以交通小区空间尺度下的路网密度计算为例，首先需要确认空间坐标系是否为投影坐标系，道路长度的计算只有在投影坐标系方可进行。其次，如图 3-8

所示，通过 ArcGIS 软件的"标识"工具获得每个路段对应的交通小区编号，再通过"计算几何"工具计算每条路段长度后基于交通小区编号进行汇总，可得到每个交通小区内路网长度的总和。最后，在与交通小区面积相比，即可得到交通小区路网密度。

图 3-8 ArcGIS 标识工具对话框

最终，运用以上数据提取技术，基于不同空间尺度，提取零售店密度，宾馆酒店密度、休闲娱乐密度、餐饮服务密度、公司企业密度和住宅小区密度作为酒精可获得性指标。其中，公司企业和住宅小区密度同时也体现了城市居民工作和居住特征。同时，提取交叉口密度、路网密度作为交通道路网络指标，通过该市统计年鉴和全国乡镇第六次人口普查数据提取人口密度数据作为人口分布指标。最终，基于交通分析小区的解释变量描述性统计如表 3-1 所示。

表 3-1 解释变量描述性统计

变量名称	均值	标准偏差	偏度	峰度
人口密度（人/平方千米）	7 451.18	12 661.995	2.239	4.978
零售店密度（个/平方千米）	17.93	41.138	6.346	71.021
宾馆酒店密度（个/平方千米）	1.10	2.701	5.066	34.975
休闲娱乐密度（个/平方千米）	5.16	10.116	3.644	19.338

续表

变量名称	均值	标准偏差	偏度	峰度
餐饮服务密度（个/平方千米）	7.89	15.356	3.822	20.466
公司企业密度（个/平方千米）	8.02	1.635	0.413	3.267
住宅小区密度（个/平方千米）	3.69	6.167	2.918	12.675
交叉口密度（个/平方千米）	10.49	15.391	4.078	28.232
路网密度（千米/平方千米）	3.712	3.582	1.309	1.685

3.2 酒驾交通行为调查分析

3.2.1 个人基本信息

如表 3-2 所示为调查问卷的个人信息描述性统计。为了解社会大众对酒后驾驶行为的普遍认识，本次调查问卷并不区分受访者有无驾照，而是随机展开调查。在所有被调查者职业中，企业单位占 19.1%，事业单位占 27.7%，学生占 41.4%。而在经常驾驶的车型选项中，排名前三的分别为小汽车占 41.0%，自行车占 30.8%，电动自行车占 17.1%。

3.2.2 饮酒消费行为特征

从饮酒频率看，受访者中在一周之内饮酒不到 1 次的占 80.9%，饮酒 2~3 次的占 8.2%，饮酒 1 次的占 7.3%，饮酒 4 次及以上的占 3.6%。如图 3-9、图 3-10 所示，在每周内的饮酒时间上，周末饮酒者占 66.8%，周五饮酒者占 14.2%，周内其他天内均在 6% 以下。从饮酒时段来看，11—13 点饮酒人数开始出现，并稍微缓慢下降，在 17—23 点饮酒人数激增，该时段占比 84.5%，说明大部分人一般会在周五、周六日下午下班后至夜间饮酒。

表 3-2 个人信息描述性统计

类别	频率	百分比（%）	类别	频率	百分比（%）
性别			学历		
男	137	62.3	初中（中职）	6	2.7
女	83	37.7	高中（高职）	11	5.0

续表

类别	频率	百分比（%）	类别	频率	百分比（%）
婚姻状况			本科（大专）	137	62.3
未婚	125	56.8	硕士以上	66	30.0
已婚	95	43.2	月收入		
年龄			3 500 元以下	103	46.8
18～29 岁	134	60.9	3 500～5 000 元	40	18.2
30～39 岁	57	25.9	5 000～10 000 元	54	24.5
40～49 岁	23	10.5	10 000 元以上	23	10.5
50～59 岁	6	2.7	实际驾龄		
学历			1 年及以下	61	27.7
初中（中职）	6	2.7	2～5 年	63	28.6
高中（高职）	11	5.0	6～10 年	26	11.8
本科（大专）	137	62.3	10 年以上	26	11.8
硕士以上	66	30.0	尚未获得驾照	44	20.0

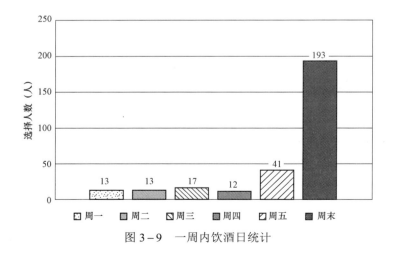

图 3-9 一周内饮酒日统计

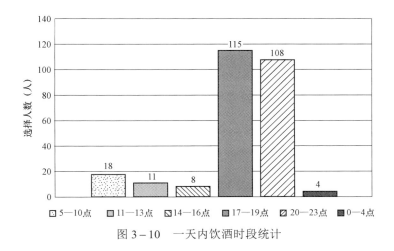

图 3-10 一天内饮酒时段统计

进一步地，基于城市不同地理空间分析饮酒时间。鉴于被调查者饮酒所在区域与饮酒时段均为多选题，为此定义多重响应数据集，并建立交叉列表分析。结果如表 3-3 所示，市区、近郊区和远郊区的饮酒高峰时间基本一致，均在 17—23 点，且 17—19 点时段略高于 20—23 点时段，而来自其他地区（主要是北京市）的受访者数据、饮酒所在区域和每周饮酒时间的交叉列表都同样反映了类似结论，说明不同空间区域人们的饮酒高峰时段基本一致，相同规模城市的人群生活特征基本类似。

表 3-3 分区域饮酒时段统计

所属区域	5—10 点	11—13 点	14—16 点	17—19 点	20—23 点	0—4 点	总计
市区	2.31%	0.46%	0.93%	14.81%	14.35%	0.93%	24.07%
近郊区	1.39%	2.31%	1.85%	15.28%	13.89%	0.46%	25.93%
远郊区	1.85%	1.39%	1.85%	6.02%	4.63%	0.93%	10.65%
其他地区	4.17%	3.24%	1.39%	25.46%	24.07%	1.39%	51.39%
总计	7.41%	5.09%	3.70%	52.78%	49.07%	1.85%	

对饮酒地点和酒精来源进行交叉分析，结果如表 3-4 所示，占总人数

41.36%的受访者在就餐时会自带酒水,39.09%的受访者会在餐饮服务点买酒,同时还有21.82%的人在零售店买酒。在宾馆酒店等以住宿为主的地方饮酒的受访者,其酒水主要来自住宿点和零售店。而在自己家里饮酒时,酒精来源于零售店的占比19.09%。公司单位整体饮酒比较低。综合表中数据可见,饭店餐馆(71.82%)、居民家中(34.09%)以及休闲娱乐场所(15.45%)是社会大众饮酒的重要地点,除自带酒水外,在饮酒地点购买(43.64%)和零售店购买(31.82%)是酒精的重要来源。以上结论为后续酒精可获得性数据的分析指明了方向。

表3-4 饮酒地点和酒精来源交叉分析结果

饮酒地点	饮酒地点购买	自己或朋友携带	零售店购买	其他来源	总计
饭店餐馆	39.09%	41.36%	21.82%	5.91%	71.82%
公司单位	0.00%	1.36%	0.45%	0.00%	1.36%
宾馆酒店	3.64%	1.82%	2.73%	0.91%	4.09%
休闲娱乐	10.91%	6.36%	6.82%	1.82%	15.45%
自己家里	15.00%	18.18%	19.09%	3.64%	34.09%
其他场所	1.82%	1.82%	1.82%	5.91%	8.64%
总计	43.64%	50.91%	31.82%	13.64%	

3.2.3 酒后驾驶行为认知

在我国,若在聚餐时强迫性劝酒,行为人执意酒驾,其他劝酒人对酒后驾车行为未劝阻导致交通事故等损害发生,有过错的共饮人、劝酒人及组织者均应承担一般侵权责任。因此,在一定程度上,可通过日常饮酒过程中是否存在劝酒,对酒驾行为认识进行间接调查。如图3-11、图3-12所示,45.91%的受访者从不劝酒,21.82%的受访者认为"经常会被人劝酒",由此可见,劝"酒"文化根深蒂固,即便是有相关法律规定,"从不劝酒"所占比例也不到50%,而超过一半的人偶尔会劝别人喝酒，认为偶尔会被劝酒者更是高达 64.09%。

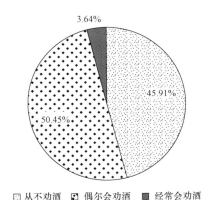
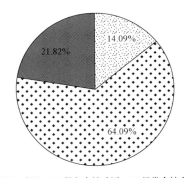

图 3-11 是否劝酒调查数据　　　图 3-12 是否会被人劝酒调查数据

同时，受访者中曾经酒后驾驶过的占 6.4%，经历过交通警察巡查执法的占比 39.1%。对 BAC 阈值非常了解的仅占 25%，大概了解的占 44.1%，不太了解的占 30.9%，说明我国预防酒驾的宣传教育工作还有很大提升空间。25% 的受访者对"饮多少量酒会导致醉酒驾驶"非常了解，43.2% 大概了解，31.8% 不太了解，说明对于社会大众，饮酒时很难去精确把握饮酒驾驶和醉酒驾驶的界限。

更为重要的是，对于最高人民法院 2017 年 5 月出台的"对于醉驾情节显著轻微危害不大的，不予定罪处罚；犯罪情节轻微不需要判处刑罚的，可以免于刑事处罚"的指导意见（以下简称"指导意见"），高达 60.5% 的受访者认为该意见会导致酒驾事故高发，仅 12.4% 的受访者认为不会，这说明在相关法律法规出台后，释法工作的极度缺失导致大量民众对交通管理法规产生了模糊乃至错误的认识，考虑到调查地点经济发展水平相对较高，公众素质教育投入力度相应较大，依然得到如此结论，值得引起人们深思。

3.2.4 酒后驾驶预防认知

对于酒驾事故发生的原因，从个人自身角度分析，35.10% 的受访者认为酒驾主要原因在于存在侥幸心理，认为自己不会被抓。32.01% 的受访者自认为喝得不多，不影响开车，他人说酒驾不影响开车、需要送朋友回家、第二天需要用车以及个人心情不好的占比均不到10%，说明酒驾行为产生的主要原因在于个人的主观认识。从社会层面分析，如表3–5所示，认为酒驾预防宣传教育工作做得不够的占比 68.06%，其次为处罚力度（60.65%）不够和监管执法不够（52.78%），而代驾等社会服务不足者只占27.31%，说明社会大众认为酒驾交通事故的预防主要在于宣传教育，其次为相应的处罚威慑和监管执法，代驾等服务虽满足了人们送朋友回家以及第二天用车等需求，有助于减少酒驾事故发生，但并不能起到主要作用。

表3–5　不同区域酒驾事故发生原因统计

所属区域	处罚力度不够	监管执法不够	宣传教育不够	代驾服务不足	总计
市区	17.13%	12.96%	17.59%	6.02%	24.07%
近郊区	13.89%	12.04%	17.59%	8.80%	25.93%
远郊区	6.02%	6.94%	6.94%	2.78%	10.65%
其他地区	30.56%	26.85%	34.26%	14.35%	51.39%
总计	60.65%	52.78%	68.06%	27.31%	

从可接受的酒后驾驶预防举措来看，排在前两位的为对生命安全的尊重（26.58%）和对法律惩戒的敬畏（21.58%），其次为身边朋友酒驾案例的影响（19.38%）和家人亲友的关爱（18.36%），工作单位的纪律要求（14.10%）作用最小。如图3–13所示，从获得预防酒驾知识来源看，位居前三位的分别是网络（30.04%）、电视（25.72%）和日常社交网络（21.40%），报纸、广播等传统信息传播方式所占均不足10%。如图3–14所示，从希望获得的酒驾宣传教育内容看选项间相差不大，酒驾事故通报最高（26.21%），事故照片视频最低（22.38%），说明社会大众更倾向于了解酒驾事故发生情况，但是并不特别希望看到事故发生的真实场景和碰撞过程，这可能是由于个别事故场景涉及人员伤

亡,过于触目惊心,导致部分社会大众具有一定恐惧心理。

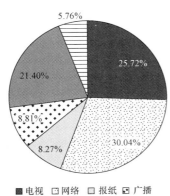

图3-13 预防酒驾知识来源

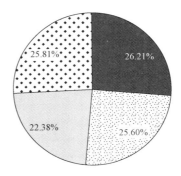

图3-14 可接受的预防酒驾宣传内容

如图3-15所示,从希望获得预防酒驾信息的来源来看,网络社交应用最为大众所接受,其次为电视和视频网站,其原因主要在于移动互联网迅猛发展,网络社交应用、视频网站等以其及时性、便利性和互动性等优势具有大量用户,而电视作为传统媒体具有较高家庭普及率,同时深受广大老年观众所喜爱。

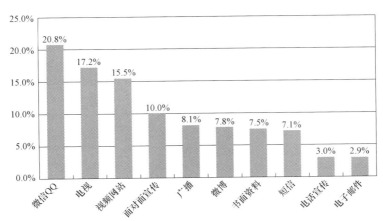

图3-15 希望获得预防酒驾信息的来源

接受人群最小的媒体方式为电话宣传和电子邮件。其原因可能是中西方国情文化不同,国人更倾向于将电子邮件作为工作工具,而非宣传教育平台,同时电子邮件登录相对复杂，功能单一带来的宣传手段和方式相对烦琐都可能导致大众不认可。而社会经济发展迅速，生活工作节奏加快，长时间的电话宣传过于冗长拖沓，部分电话骚扰导致社会大众对陌生号码的宣传教育持怀疑态度等，这些都可能导致电话宣传教育的方式不被接受。

3.3 酒驾交通事故基本特征

对提取的事故数据展开特征分析。如图 3-16 所示，从事故总量来看，远郊区事故多于近郊区，近郊区事故多于市区。即使考虑不同区域的常住人口和面积区域，远郊区和近郊区酒驾事故发生比例依然超过了市区，说明酒驾事故管理的重点应该在城市近郊区和远郊区。但近郊区和远郊区人口众多，区域覆盖面积较大，一直是交通安全管理的难点。在酒驾类型方面，醉酒驾驶占比 75.8%，饮酒驾驶占比 24.2%，说明在酒驾导致的交通事故中，醉酒驾驶的违法交通行为更易于发生。

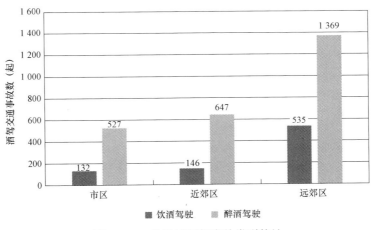

图 3-16 分区域酒驾事故类型统计

3.3.1 驾驶员特征

从酒驾驾驶员性别来看，男性驾驶员占比 98.3%，而男性驾驶员占饮酒驾驶驾驶员比例和占醉酒驾驶驾驶员比例相同，均为 98.3%，均远远大于女性。具体到不同城市空间区域，市区、近郊区和远郊区女性驾驶员占所在区域酒驾驾驶员总人数的比例分别为 3.5%、1.6% 和 1.2%，说明在城市市区，女性驾驶员酒后驾驶概率高于近郊区和远郊区女性驾驶员。

同时，从酒驾驾驶员年龄来看，年龄最大的驾驶员为 83 周岁、驾驶电动自行车的男性驾驶员，年龄最小的驾驶员为 14 周岁、驾驶汽车的男性驾驶员，平均年龄为 33.04 岁（$SD = 16.62$）。除去个别未知年龄驾驶员，酒驾驾驶员年龄分布如图 3-17 所示，酒驾驾驶员主要平均分布在 20～29 周岁（占 27.51%）、30～39 周岁（占 26.04%）和 40～49 周岁（占 27.34%）三个年龄段，50～59 周岁年龄段（占 13.48%）次之，该年龄段的社会人群正是社会经济建设的中流砥柱，日常因工作和生活等社交活动较为频繁，因酒后驾驶造成交通事故的风险也较大，未来十分有必要加强对该年龄段群体的交通安全宣传教育。

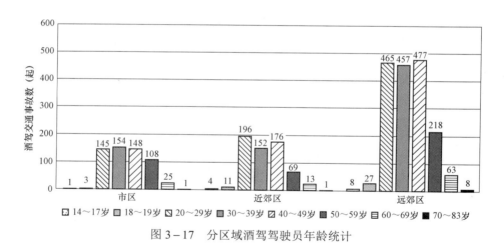

图 3-17　分区域酒驾驾驶员年龄统计

需要注意的是，我国《机动车驾驶证申领和使用规定》规定申请驾驶证的法定年龄在 18 周岁以上、70 周岁以下，然而在市区、近郊区和远郊区分别有 1 名、4 名和 8 名驾驶员年龄小于 18 周岁，在远郊区仍有 8 名 70 周岁以上驾驶员违法法定驾驶年龄要求，并且违规酒驾导致交通事故发生，说明加强无证驾驶等其他交通违法情况巡查，同样有助于减少酒驾事故发生。另外，远郊区 60 周岁以上驾驶员（63 人）酒驾事故起数远大于市区（25 人）和近郊区（13 人），说明 60 岁以上人群是远郊区的重点。

国外文献对青少年、女性驾驶员、退休人员等特定群体的饮酒习惯、驾驶行为等已展开深入研究，国内目前相关的研究还较少。因此，十分有必要深入了解特定人群饮酒消费和驾驶习惯特征，对重点年龄段驾驶员、女性驾驶员和 60 岁以上驾驶员等群体展开重点巡查、宣传和教育，才能有效预防酒驾事故发生。

3.3.2 机动车类型特征

如图 3-18 所示，在酒驾驾驶员驾驶的车型中，汽车所占比例最高，达到 61.08%，其次为二轮摩托车（16.03%），电动自行车次之（15.55%）。说明在日常交通警察执法巡查中，除了对汽车驾驶员酒驾行为高度关注外，还需要对二轮摩托车驾驶员和电动自行车驾驶员提高酒驾检查力度。同时，针对当前电动自行车属性不规范、车速过快容易导致交通事故等情况，国家标准委、工业和信息化部已经联合发布《电动自行车安全技术规范》（GB 17761—2018），已于 2019 年 4 月 15 日实施，规范将坚持电动自行车的非机动车属性，规范电动自行车的生产制造标准。另外，天津市是世界最大的自行车生产制造基地和出口

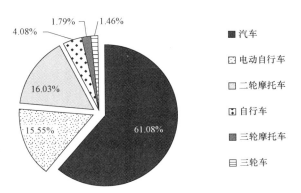

图 3-18　酒驾驾驶员车辆类型统计

基地，2017年摩拜单车发布报告显示天津市共享单车骑行量增幅达36%，位居全国首位，说明自行车是天津市民非常重要的出行方式之一。但是天津市自行车驾驶员酒驾事故占比 4.08%，说明相对而言，同样是非机动车的自行车驾驶员酒驾概率更低。

如图 3-19 所示，从城市不同空间区域进一步分析，可以发现远郊区二轮摩托车驾驶员酒后驾驶问题相对比较突出，事故发生起数远高于市区和近郊区。这可能与远郊区交通出行距离相对较远，人们倾向于采用二轮摩托车作为出行工具，同时，天津市自 2006 年 7 月起，外环线以内道路禁止津 C 牌照、外埠牌照摩托车及轻便摩托车通行。外环线以内禁止摩托车出行的交通管理政策也导致了市区摩托车交通事故违法情况虽有发生，但相对远郊区较少。

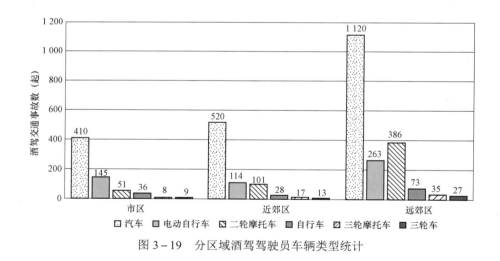

图 3-19 分区域酒驾驾驶员车辆类型统计

3.3.3 事故发生时间特征

针对不同城市空间区域，对酒驾事故的发生时间进行统计。由图 3-20 可知，全市酒驾事故每日会出现下午 2 点和晚上 9 点两个高峰时段，而在凌晨 3

点到中午 11 点的时段酒驾事故发生概率较低，这与我国人民群众的生活消费习惯相关，一般早晨饮酒的人较少，中午和晚上社会交往活动较多，特别是在晚上下班以后，晚餐饮酒可能性增大。需要注意的是，与前述交通行为分析中的表 3-3 对比可知，酒驾事故的发生时段晚于人们饮酒的时段，酒驾事故是在人们因聚餐等社会活动结束后，前往其他目的地时因为饮酒操作不当从而诱发交通事故。从日统计图还可以发现市区、近郊区和远郊区趋势基本一致，这与前述表 3-3 分区域饮酒时段调查统计结果一致，说明对于同一座城市，不同空间区域人们的饮酒消费习惯有可能一致，涉及的具体影响因素有待后续空间效应研究中进一步分析。

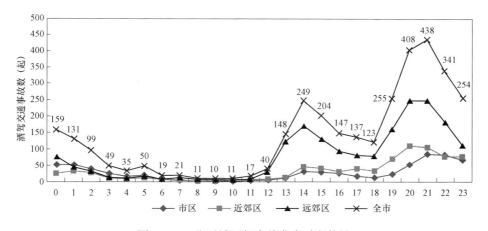

图 3-20 分区域酒驾事故发生时段统计

由图 3-21 可知，在周初酒驾交通事故发生率相对较低，而随着周末到来，酒驾事故逐步增多。同时，前述调查问卷数据的图 3-9 显示 66.8%的受访者表示在周末饮酒较多，这与人们日常生活常识基本吻合。由月统计图 3-22 可知，市区、近郊区和远郊区在一月和二月酒驾事故发生数相对低于全年其他月份，而该时段正处于中国春节期间，亲友聚会等社会交往活动比其他月份更为频繁，饮酒可能性较高，而此时酒驾事故率低可能是由于各类企事业单位因春节假期商务活动减少,同时过节期间交警巡查力度加强,春节期间的人口流动等。

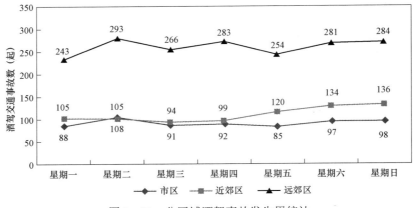

图 3-21 分区域酒驾事故发生周统计

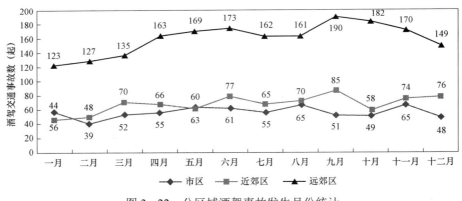

图 3-22 分区域酒驾事故发生月份统计

3.3.4 血液采集时间间隔特征

根据 2018 年 5 月 1 日起施行的《道路交通事故处理程序规定》(公安部令第 146 号)"第二节 现场处置和调查"规定,交通警察到达现场后,应当立即划定警戒区域,指挥和疏导现场交通,组织抢救受伤人员,指挥救援车辆,查找和控制相关涉案人员,同时开展其他调查工作。对涉嫌饮酒驾驶车辆的人员,应当按照《道路交通安全违法行为处理程序规定》(公安部令第 105 号)第三十三条和三十四条规定，由交通警察将当事人带到医疗机构及时进行抽血，并送交有检验鉴定资质的机构进行检验。车辆驾驶人员当场死亡的，应当及时抽血检验。不具备抽血条件的，应当由医疗机构或者鉴定机构出具证明。由此可见，在酒驾事故处理过程中，从事故发生到对涉嫌酒驾人员采集血液时间的时间间隔，是公安机关交通管理部门接警出警、现场处置和前往医疗机构等众多工作的时间集合。

更为重要的是，根据天津市地方标准《车辆驾驶人员血液酒精含量推算和检验》（DB12/402—2008）可知，人体内血液中的酒精含量达到最高值后，随时间的推延会不断下降。根据中华人民共和国公共安全行业标准《血液酒精含量的检验方法》（GAT 842—2009），尸体腐败时可能生成乙醇，同时平行产生正丙醇。因此，血液酒精含量采集间隔时间的长短，会对人体血液中酒精含量的检验结果产生影响，准确的估计时间范围，有助于改进检验仪器设备，提出更为科学精确的检验方法，从而为交警在日常执法中，交通违法责任认定提供强有力的法医技术支持。

鉴于个别案例可能因伤员抢救等因素，间隔时间较长，同时部分案例是由120急救车进行血液采集，无法估算事故发生地点到血液采集医疗机构的时间间隔和空间距离，因此对血液采集时间间隔和空间距离进行筛选，取时间间隔在3小时以内，空间距离40公里以内的案例进行统计分析。如图3－23（a）所示为对不同案例的间隔时间从大到小排序，图3－23（b）所示为对空间距离的分组统计。结果显示，41.32%的案例在1小时以内，40.60%的案例在1小时到2小时以内，92.05%的案例事故发生地点和采血地点的空间距离在20公里以内，76%的案例空间距离在10公里以内。

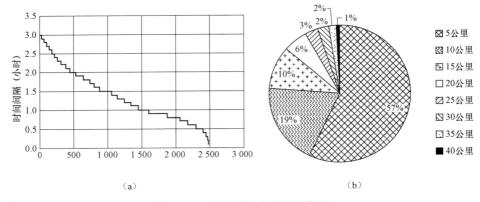

图 3-23 血液采集时间间隔特征
（a）间隔时间排序；（b）空间距离分组统计

第3章 酒驾交通事故数据采集及特征分析

 ## 3.4 基于 Logistic 模型的事故严重程度研究

3.4.1 驾驶员伤亡特征

如表 3-6 所示，对酒驾驾驶员在交通事故中自身的伤亡情况进行统计，用红色、黄色和绿色等不同颜色代表数值从大到小。其中，6.94% 的汽车驾驶员在事故中死亡，其次为二轮摩托车和电动自行车驾驶员。13.89% 的汽车驾驶员在事故中受伤，其次为电动自行车和二轮摩托车，酒驾自行车驾驶员受伤比例高于死亡比例。需要说明的是，本书所采用的数据来源于血液酒精含量检验报告，并非直接的交通事故深度调查数据，因此存在 17.70% 的事故案例对驾驶员伤亡情况未做出明确说明，这部分事故案例有可能对前述分析结论造成一定影响。但尽管如此，酒驾驾驶员在交通事故中的伤亡比例仍然高达 47.35%，说明酒后驾驶作为严重的交通违法行为，会对驾驶员的人身安全带来极大的风险。

3.4.2 Logistic 回归模型

国内外部分文献对酒后驾驶与非酒后驾驶对交通事故严重程度的影响做了深入研究，但专门针对饮酒驾驶和醉酒驾驶，对驾驶员个人和事故受伤严重程度进行定量对比分析的研究还极少。为此，基于 Logistic 回归模型对该问题进一步展开研究，为我国"醉驾入刑"等法理研究和讨论提供决策依据。

表 3-6 分车型驾驶员伤亡情况统计

伤亡情况	汽车	电动自行车	二轮摩托车	自行车	三轮摩托车	三轮车	总计
死亡	6.94%	1.52%	2.41%	0.86%	0.12%	0.27%	12.12%
受伤	13.89%	9.00%	8.64%	2.68%	0.45%	0.57%	35.23%
无伤亡	27.92%	3.93%	1.43%	0.21%	0.98%	0.48%	34.95%
伤亡不明	12.33%	1.10%	3.55%	0.33%	0.24%	0.15%	17.70%
总计	61.08%	15.55%	16.03%	4.08%	1.79%	1.47%	100.00%

1. 模型理论基础

因变量为不同类别的回归问题，不同于因变量为连续型变量的线性回归，分类问题将某个类别的发生概率 p 作为因变量，此时在自变量的各种组合下，因变量不能始终保证取值在 0~1。同时，模型误差项服从二项分布，而非正态分布，常用的最小二乘法也无法用于拟合模型。1970 年，如式（3-1）、式（3-2）所示，统计学家 Cox 引入用于人口学领域的 Logit 变换（Logit Transformation），即定义比数 odds 作为分类结果出现的概率和分类结果不出现的概率之比，并取对数 ln（odds）解决了前述问题。通过变换，Logit（p）的取值范围变为了以 0 为对称点的（−∞，+∞）之间，使得任何自变量取值，均有对应的具有实际意义的 p 值。通过 Logit 变换将曲线回归直线化，再进行回归方程的拟合，该方法的可靠性在实践性得到了充分验证。以 Logit（p）为因变量，包含 m 个自变量的 Logistic 回归模型可构建如下[95]：

$$\text{odds} = \frac{1-p}{p} \quad (3-1)$$

$$\text{Logit}(p) = \ln\left(\frac{p}{1-p}\right) = \alpha + \beta_1 x_1 + \cdots + \beta_m x_m \quad (3-2)$$

式中，因变量 p 是事件发生的概率，α 是常数项，表示自变量取值为 0 时，比数的自然对数值。β 为回归系数，表示当其他自变量取值保持不变时，该自变量每增加一个单位引起比数自然对数值的变化率。

此外，相关性分析（Correlation Analysis，CA）主要用来进行数据探索分析，研究不同变量间是否具有线性相关关系，以及关系程度的强弱，常用的相关性分析指标有卡方检验、皮尔逊相关系数、斯皮尔曼相关系数等。如公式（3-3）所示，卡方检验是以 χ^2 分布为基础的一种常用非参数假设检验方法，主要用来考察两个分类变量是否相互独立。本书选取的酒驾类型变量为无序分类变量，故均采用卡方检验进行变量相关性分析[96]。

$$\chi^2 = \sum_{i=1}^{k}\frac{(A_i - np_i)^2}{np_i} \quad (3-3)$$

式中，A_i 为 i 水平的观察频数，n 为总频数，p_i 为 i 水平的期望频率，k 为单元格数。当 n 比较大时，χ^2 统计量近似服从 $k-1$ 个自由度的卡方分布。

2. 模型数据编码

酒驾事故可分为饮酒驾驶事故和醉酒驾驶事故，故适用于二分类 Logistic 模型。基于前述采集的酒驾事故数据，如表 3-7 所示对数据进行编码建模。其中事故类型数据，是对事故伤亡情况的整体描述，除了包括驾驶员外，还包括其他事故相关人员伤亡，因此与驾驶员伤亡数据并不完全相同。

表 3-7 Logistic 回归模型解释变量描述

解释变量	取值	解释变量	取值
月份	1~12	驾驶员年龄	除未知年龄=0 外，均为实际值
周天	1~7	车辆类型	汽车=1；电动自行车=2；二轮摩托车=3；自行车=4；三轮摩托车=5；三轮车=6
日期	1~31		
时段	0~23	事故类型	死亡=1；受伤=2；财产损失=3
事故发生区域	市区=1；近郊区=2；远郊区=3	驾驶员伤亡	死亡=1；受伤=2；财产损失=3；未知=4
驾驶员性别	男性=1；女性=0	酒驾类型	饮酒驾驶=1；醉酒驾驶=2

3. 哑变量设置

在建模时，当 x 为连续性和二分类变量时，可以直接纳入模型，但在 x 为多分类变量时，必须要将原始变量转化为哑变量（Dummy Variable）并同时纳入模型，此时每个哑变量代表对应两个分类间的差异，此时回归结果才有明确而合理的实际意义。

3.4.3 模型结果分析

基于卡方检验对数据与酒驾类型的相关性进行检验。检验结果如表 3-8 所示，事故发生时段、事故发生区域、驾驶员年龄、事故类型和驾驶员伤亡情况与酒驾类型具有相关性。其中，时段和驾驶员年龄在 90%显著性水平上显著，其他变量在 95%显著性水平上显著。

对事故发生区域取远郊区作为哑变量，对事故类型取财产损失事故作为哑变量，对驾驶员伤亡情况取死亡事故作为哑变量进行建模，模型的 -2 倍对数似然值为 3 634.291，模型拟合结果如表 3-9 所示，Exp（B）是指两个比数的比值（Odds Ration，OR）。当两个 OR 进行比较时，其结果与对应的 p 值比较结果一致。因此，OR 是否大于 1 可作为不同情况下醉驾驾驶发生概率大小的比较。

表 3-8 解释变量相关性分析结果

解释变量	相关系数	p 值	解释变量	相关系数	p 值
月份	-0.022	0.201	驾驶员性别	0.000	0.988
周天	0.024	0.164	驾驶员年龄	-.041*	0.019
日期	-0.022	0.211	车辆类型	-0.031	0.068
时段	0.041*	0.019	事故类型	-0.061**	0.001
事故发生区域	-0.089**	0.001	驾驶员伤亡情况	-0.098**	0.001

注：*表示在 0.05 级别（双尾），相关性显著；**表示在 0.01 级别（双尾），相关性显著。

如表 3–9 所示，所有变量均通过了显著性检验，可得如下结论：

（1）从 0 点到 23 点，时间每增加 1 小时，醉酒驾驶的概率提高 1.9%；

（2）年龄每增加 1 岁，醉酒驾驶的概率降低了 0.005 倍；

（3）在市区（OR=1.509）和近郊区（OR=1.472）的酒驾事故中，醉酒驾驶发生概率高于远郊区；

（4）醉酒驾驶比饮酒驾驶更易于导致死亡类型（OR=2.232）和受伤类型（OR=1.601）的交通事故；

（5）相比较只发生驾驶员财产损失，醉酒驾驶更有可能导致驾驶员死亡（OR=1.659）情况的发生。

表 3–9 Logistic 回归模型结果

解释变量	b	标准误差	显著性	Exp（B）	下限	上限
时段	0.019	0.006	0.001	1.019	1.007	1.031
事故发生区域			0.000			
市区	0.412	0.117	0.000	1.509	1.200	1.898
近郊区	0.386	0.111	0.001	1.472	1.183	1.831
驾驶员年龄	−0.005	0.003	0.042	0.995	0.990	1.000
事故类型			0.000			
死亡	0.803	0.155	0.000	2.232	1.648	3.023
受伤	0.471	0.116	0.000	1.601	1.275	2.010
驾驶员伤亡情况			0.000			
财产损失	0.506	0.119	0.000	1.659	1.314	2.093
常量	0.436	0.153	0.004	1.546		

综上所述，与饮酒驾驶相比，醉酒驾驶在远郊区发生的数量最大，但在市区醉酒驾驶的比例更高，醉酒驾驶更易于导致驾驶员本人和其他人员的死亡和

受伤,这亦是世界各国都对醉酒驾驶的惩罚力度远大于饮酒驾驶的原因之所在。同时,前述 3.2.3 节问卷调查结论显示,社会大众在饮酒时很难去精确把握饮酒驾驶和醉酒驾驶的界限,一旦驾驶员饮酒,则极有可能醉驾,而根据本节研究结果,醉酒驾驶安全危害远高于饮酒驾驶,说明酒后交通事故的预防要防微杜渐,坚决从饮酒不开车开始。因此,对酒后驾驶交通事故严重程度开展定量分析比较,有助于我们深刻认识在城市不同空间区域下,酒后驾驶带来的严重危害和特征规律,从而在未来的巡查执法、宣传教育中明确内容和方向。

3.5 本章小结

本章节首先提出酒驾事故相关数据收集、提取和处理的技术方法,为后续进一步深入研究打下基础。其次分别从个人认识和事故特征两个角度,对酒驾交通违法行为进行调查分析,对酒驾事故基本特征进行多维分析,最后充分考虑饮酒驾驶和醉酒驾驶对交通安全的危害,建立 Logistic 回归模型进行事故严重程度定量分析。最终得到以下结论:

(1) 提出了基于血液酒精含量检验报告的事故数据提取技术流程,总结归纳了 POI 点密度、交叉口个数和路网密度的计算方法;

(2) 饭店餐馆、居民家中以及休闲娱乐场所是社会大众饮酒的重要地点,除自带酒水外,饮酒地点和零售店是酒精的重要来源;

(3) 社会大众对酒驾相关法律法规不了解,甚至产生了误解,代驾等社会服务并不能从根本上消除酒驾行为,我国预防酒驾的宣传教育工作还有很大提升空间,基于移动互联网的社交媒体进行多元化宣传更有助于预防酒驾事故发生;

(4) 酒驾驾驶员以男性为主,市区女性驾驶员酒后驾驶概率高于近郊区和远郊区,驾驶员年龄集中在 20~29 周岁、30~39 周岁和 40~49 周岁三个年龄段;

(5) 酒驾事故发生起数从市区、近郊区到远郊区逐步增加,酒驾涉及车型主要为汽车、二轮摩托车和电动自行车,远郊区二轮摩托车驾驶员酒驾问题相对比较突出;

(6) 从调查问卷和事故特征均可发现,酒驾事故一般更多发生在周末,集中出现在每天下午 2 点和晚上 9 点两个高峰时段;

（7）81.92%的酒驾事故案例血液采集间隔时间在 2 小时以内，92.05%的案例事故发生地点和采血地点的空间距离在 20 公里以内；

（8）与饮酒驾驶相比，醉酒驾驶在远郊区发生的数量更大，但在市区醉酒驾驶的比例更高，醉酒驾驶更易于导致驾驶员本人和其他人员的死亡和受伤。

第 4 章

不考虑空间效应的酒驾交通事故研究

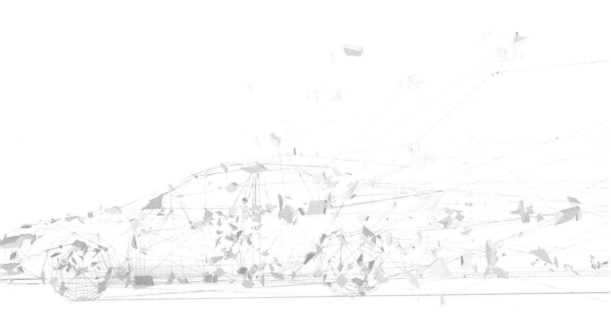

本章主要在不考虑影响因素的空间交互作用下，即假定模型参数与样本数据的空间地理位置无关，只考虑某一空间区域内多种影响因素对本区域酒驾事故发生的影响进行预测研究。首先，对酒驾事故的影响因素进行相关性分析，探索影响因素之间以及影响因素与酒驾事故的关联关系。同时，为防止后续回归偏差较大，对影响因素进行多重共线性检验确保数据满足研究条件。其次，在总结归纳线性回归理论与模型评价标准的基础上，开展酒驾事故的线性回归预测。最后，考虑到影响因素间可能存在非线性关系，基于机器学习理论，运用 Python 编程构建人工神经网络模型和支持向量回归模型，并对模型预测效果进行了对比分析。

4.1 酒驾事故影响因素分析

如前所述，本书采用的酒驾事故影响因素包括：人口密度、交叉口密度、路网密度以及酒精可获得性指标，具体包括：零售店密度、宾馆酒店密度、休闲娱乐密度、餐饮服务密度、公司企业密度、住宅小区密度。传统的交通分析小区（Traffic Analysis Zone，TAZ）常被用作交通规划过程中的空间区域划分，为与传统交通规划方案对接，本章所用影响因素值均基于 TAZ 空间尺度计算获得。

4.1.1 相关性分析

如前所述，相关性分析（Correlation Analysis，CA）主要用来进行数据探索分析，不同类型变量分析需要选择不同类型的相关性指标，皮尔逊相关系数（Pearson Coefficient）常被用作衡量两个线性变量之间的相关程度。选取的交通事故及其影响因素数据变量均为连续变量，故均采用皮尔逊相关系数进行变量相关性分析。对于给定样本 $x=(x_1, x_2, \ldots x_n)$ 和 $y=(y_1, y_2, \ldots y_n)$，如式（4-1）所示：

$$\rho = \frac{\text{Cov}(X,Y)}{\sqrt{DX \cdot DY}} = \frac{\sum_{i=1}^{n}(x_i-\overline{x})(y_i-\overline{y})}{\sqrt{\sum_{i=1}^{n}(x_i-\overline{x})^2}\sqrt{\sum_{i=1}^{n}(y_i-\overline{y})^2}} \qquad (4-1)$$

式中，Cov（X，Y）为变量 X，Y 的协方差，DX、DY 为变量 X 和 Y 的方差。

如表 4-1 所示，单纯从数据的相关性可以发现，人口密度、路网密度与酒驾事故不具有相关性，其余解释变量均与酒驾事故具有相关性。另外，需要注意的是解释变量间存在不同程度的相关性，如休闲娱乐密度与住宅小区密度间相关性系数为 0.850，且在 95% 置信区间显著。因此，在进行无空间效应的酒驾事故预测之前，还需要进行变量的多重共线性分析。

表 4-1 影响因素相关性统计结果

变量名称	人口密度	零售店密度	宾馆酒店密度	休闲娱乐密度	餐饮服务密度	公司企业密度	住宅小区密度	交叉口密度	路网密度
人口密度	1								
零售店密度	0.322**	1							
宾馆酒店密度	0.167**	0.618**	1						
休闲娱乐密度	0.383**	0.754**	0.648**	1					
餐饮服务密度	0.076**	0.062**	0.086**	0.098**	1				
公司企业密度	0.495**	0.566**	0.422**	0.698**	0.130**	1			
住宅小区密度	0.331**	0.787**	0.677**	0.850**	0.087**	0.642**	1		

续表

变量名称	人口密度	零售店密度	宾馆酒店密度	休闲娱乐密度	餐饮服务密度	公司企业密度	住宅小区密度	交叉口密度	路网密度
交叉口密度	−0.021	0.283**	0.310**	0.316**	0.071**	0.389**	0.337**	1	
路网密度	0.534**	0.255**	0.186**	0.290**	0.080**	0.398**	0.326**	0.259**	1
酒驾交通事故	0.021	0.493**	0.438**	0.418**	0.043*	0.315**	0.423**	0.418**	−0.006

注：**表示变量在95%显著性水平上显著，*表示变量在90%显著性水平上显著。

4.1.2 多重共线性分析

在回归模型中，当两个或多个变量具有多重共线性时，即当一个自变量可用其他一个或几个自变量表示时，存在两个或多个冗余变量或者这些变量共同提供同一信息，会导致对被解释变量单独影响力的估计偏差。衡量多重共线性的指标为方差膨胀因子（Variance Inflation Factor，VIF），具体计算如式（4-2）所示，其中 R^2 为模型的拟合优度值。一般认为，当变量的 VIF 值大于 10 时，存在多重共线性。

$$\mathrm{VIF} = \frac{1}{1-R^2} \qquad (4-2)$$

解决多重共线性的方法有：直接去除法、改变解释变量形式、差分法、主成分分析法、岭回归法等。为此，基于统计分析软件 SPSS Statistic 对解释变量进行多重共线性验证，结果如表 4-2 所示，所有解释变量的 VIF 值均小于 10，说明模型中解释变量之间不具有较强的多重共线性关系，可纳入线性回归模型进一步展开分析。

表 4-2　解释变量多重共线性结果

解释变量	VIF	解释变量	VIF
人口密度	1.860	住宅小区密度	3.973
零售店密度	7.405	餐饮服务密度	8.765
宾馆酒店密度	2.042	交叉口密度	4.498
休闲娱乐密度	6.524	路网密度	3.693
公司企业密度	2.378		

4.1.3　双对数预处理

为使数据更符合正态分布并消除模型异方差性或偏态性，避免模型对极端值过于敏感，同时缩小变量取值范围，采用百分比描述解释变量对被解释变量的影响，对解释变量和被解释变量进行对数变换，即采用对数-对数模型开展后续的研究分析[97]。

4.2 基于线性回归模型的酒驾事故预测

4.2.1 线性回归理论

统计学习（Statistical Learning）是关于计算机基于数据构建概率统计模型并运用模型对数据进行预测和分析的学科。回归作为监督学习，是统计学习中的重要问题之一，主要用于预测解释变量和被解释变量之间的关系[98]。如式（4-3）所示多元线性回归模型，是表示多个输入变量与输出变量之间映射关系的函数。通过构建多元空间回归模型，从城市地理空间视角出发，探讨酒精可获得性等影响因素的空间特征与酒驾事故发生的内在影响关系。酒驾事故回归模型是否合理，模型的优劣对比等主要通过回归系数显著性检验、回归方程显著性检验和拟合优度检验等方法实现[99]。

对于多元线性回归模型，

$$y = \beta_0 + \beta_1 x_1 + \beta_2 x_2 + \cdots + \beta_p x_p + \varepsilon \qquad (4-3)$$

其中，y 为被解释变量，β_0 为回归常数，β_i（$i=1, 2, \cdots, p$）为解释变量 x_i 的回归系数，ε 是误差项，且假设误差项服从 $N(0, \sigma^2)$ 的正态分布。

1. 回归方程显著性检验

F 检验主要用于检验回归模型中，所有解释变量的回归系数是否同时为 0，该方法是利用方差分析思路来检验模型的总体线性关系的显著性。把方程的总偏差平方和 TSS 分解为误差平方和 ESS 与残差平方和 RSS，即：

$$\sum(y_i - \bar{y})^2 = \sum(y_i - \hat{y}_i)^2 + \sum(\hat{y}_i - \bar{y})^2 \qquad (4-4)$$

其中，y_i 是观测值，$\bar{y}$ 是平均值，$\hat{y}_i$ 是 y_i 的估计值，TSS=$\sum(y_i - \bar{y})^2$，ESS=$\sum(y_i - \hat{y}_i)^2$，RSS=$\sum(\hat{y}_i - \bar{y})^2$。

构造统计量 F：

$$F = \frac{\text{RSS}/1}{\text{ESS}/(n-2)} \quad (4-5)$$

构造原假设 H_0：$\beta_1=\beta_2=\cdots=\beta_p=0$，若该假设成立，则统计量 F 服从第一自由度为 p，第二自由度为（n-p-1）的 F 分布。模型显著性检验是要检验解释变量与被解释变量之间是否有线性关系。即要检验假设 H_0 是否成立。若模型 F 值大于 $F_\alpha(p, n-p-1)$，则否定原假设 H_0，认为酒驾事故回归模型的解释变量间存在显著线性关系，模型通过检验；否则，接受原假设 H_0，即模型的解释变量不能较好地说明被解释变量的变化。

2. 回归系数显著性检验

回归模型显著性检验反映了全部解释量对回归方程的总体效果，但并不意味着每个解释变量都与被解释变量之间存在显著的线性关系，即 F 检验只说明模型的所有回归系数不会同时全部为 0，但并不意味个别解释变量系数不能为 0。而变量系数为 0，则代表该变量对被解释变量的贡献不大，有无该变量对建模效果影响不大。此时，可通过 t 检验逐个检查回归模型系数，其思想具体是：构造假设 H_0：$\beta_i=0$（$i=1, 2, \cdots, p$），计算回归系数 β_i 的 t 值：

$$t_i = \frac{b_i}{S_{b_i}} \quad (4-6)$$

$$S_{b_i} = \sqrt{S^2 \cdot C_{ii}} \quad (4-7)$$

$$S^2 = \frac{\sum_{i=1}^{n} e_i^2}{n-p-1} = \frac{\sum_{i=1}^{n}(y_i - \hat{y}_i)^2}{n-p-1} \quad (4-8)$$

其中，b_i 是 β_i 的估计值，S_{b_i} 是 b_i 的标准差，C_{ii} 为 $(X^TX)^{-1}$ 对角线上第 i 个元素。

t_i 服从自由度为（n-p-1）的 t 分布。对给定的显著水平 α（$0<\alpha\leq 1$），若模型 $|t|>t_{\frac{\alpha}{2}}(n-p-1)$，则应该拒绝原假设，即该变量回归系数不为 0，否则，

不拒绝原假设,即该变量对被解释变量影响不显著。

3. 拟合优检验

回归平方和占总偏差平方和的比例反映了预测模型对数据的拟合情况,以拟合优度判定系数 R^2 作为考察指标,代表模型被解释变量的变差可被解释变量解释的比例,$0 \leqslant R^2 \leqslant 1$。一般来说,$R^2$ 越大,预测模型的拟合效果越好,R^2 的计算公式为:

$$R^2 = \frac{\sum(\hat{y}_i - \bar{y})^2}{\sum(y_i - \bar{y})^2} = 1 - \frac{\sum(y_i - \hat{y}_i)^2}{\sum(y_i - \bar{y})^2} \tag{4-9}$$

但从上式可以发现,解释变量个数增加,模型回归平方和就可能会增加,从而导致拟合优度值 R^2 增大,因此,引入式(4-10)对判定系数 R^2 进行修正,以改变自变量个数对检验的影响。

$$\overline{R^2} = 1 - \frac{\sum(y_i - \hat{y}_i)^2/(n-p-1)}{\sum(y_i - \bar{y})^2(n-1)} \tag{4-10}$$

上式中变量定义与式(4-4)一致。$\overline{R^2}$ 又称作 Adjusted R^2,当模型拟合效果越好时,式(4-10)分子越小,Adjusted R^2 值越大。Adjusted R^2 与 R^2 值均可用于模型拟合效果评价,但 Adjusted R^2 不能表示解释变量的方差可被模型结果解释的程度。

4. 均方误差(MSE)

均方误差(Mean Squared Error,MSE)是误差平方和 ESS 的平均数,它克服了正负误差不能相加的问题,通过平方使得误差数值大的值变得更大,从而提高了指标的灵敏度[100]。具体定义为:

$$\text{MSE} = \frac{1}{n}\sum_{i=1}^{n} E_i^2 = \frac{1}{n}\text{ESS} = \frac{1}{n}\sum_{i=1}^{n}(y_i - \hat{y}_i)^2 \tag{4-11}$$

上式中变量定义与式(4-4)一致。

5. 平均绝对误差(MAE)

平均绝对误差(Mean Absolute Error,MAE)的提出是考虑到误差有正负值,为了避免误差计算时相互抵消，故取误差绝对值的平均数进行比较，其具体定义为：

$$\mathrm{MAE} = \frac{1}{n}\sum_{i=1}^{n}|E_i| = \frac{1}{n}\sum_{i=1}^{n}|y_i - \hat{y}_i| \qquad (4-12)$$

上式中变量定义与式（4-4）一致。

4.2.2 基于 OLS 模型的酒驾事故预测

不考虑影响因素空间影响，针对交通分析小区尺度，以拟合优度值 R^2 最大为目标，基于传统最小二乘法模型（Ordinary Least Square，OLS）建模，模型结果如表 4-3 所示，表示解释变量可以解释酒驾事故 30.8% 的变化。表 4-4 为方程的方差分析结果，即 F 检验分析结果，可以发现整个回归模型 p 值小于 0.05，通过了 F 检验，表示模型具有统计学意义。

表 4-3 OLS 模型拟合优度值

R	R^2	调整后 R^2	标准估算误差	德宾-沃森
0.557	0.311	0.308	0.248	1.710

表 4-4 OLS 模型 F 检验结果

模型	平方和	自由度	均方	F	显著性
回归	58.507	9	6.501	105.360	0.001
残差	129.817	2104	0.062		
总计	188.324	2113			

表 4-5 所示为 OLS 模型系数估计结果，由表可知宾馆酒店密度、休闲娱乐密度、公司企业密度和住宅小区密度对酒驾交通事故发生起负向作用，人口密度、零售店密度、餐饮服务密度、交叉口密度和路网密度对酒驾事故发生起

正向作用。同时，解释变量休闲娱乐密度和餐饮服务密度 t 检验不显著、交叉口密度 t 检验在 90% 置信度下显著，其他变量 t 检验均在 95% 置信度下显著。需要进一步分析，衡量变量对整个模型的影响。

表 4-5　OLS 模型系数估计值

解释变量	未标准化系数	标准化系数	t 检验	p 值
（常量）	0.113	—	5.758	0.001
人口密度	0.058	0.207	8.367	0.001
零售店密度	0.143	0.441	8.957	0.001
宾馆酒店密度	-0.071	-0.108	-4.163	0.001
休闲娱乐密度	-0.001	-0.002	-0.043	**0.966**
公司企业密度	-0.326	-0.699	-25.052	0.001
住宅小区密度	-0.045	-0.101	-2.797	0.005
餐饮服务密度	0.011	0.029	0.539	**0.590**
交叉口密度	0.030	0.069	1.785	0.074
路网密度	0.063	0.111	3.183	0.001

如图 4-1 所示回归标准化残差直方图基本符合标准正态分布，如图 4-2 所示的标准化残差的正态 P-P 图基本围绕在斜线附近，同样说明模型残差基本符合正态分布，所构建的酒驾事故线性回归模型具有统计学意义。

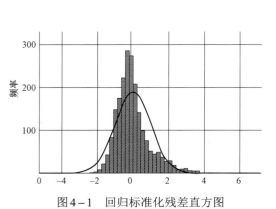

图 4-1　回归标准化残差直方图　　图 4-2　回归标准化残差的正态 P-P 图

4.3 基于机器学习的酒驾事故预测

近年来，随着大数据时代的到来，大量数据亟须有效分析利用的计算机算法。因此，机器学习（Machine Learning）领域自然而然成为研究热点，并取得了巨大的发展，为众多学科和领域发展提供了强有力的数据分析技术支撑。机器学习致力于通过计算机程序，基于各类数据自动地学习识别复杂的模式，并做出智能判断。机器学习可分为监督学习（Supervised Learning）、无监督学习（Unsupervised Learning）、半监督学习（Semi-Supervised Learning）和主动学习（Active Learning）等。常见的机器学习任务有分类、回归和聚类等，回归和分类是监督学习的典型代表，聚类是无监督学习的典型代表。

在多元线性回归模型中，如果模型检验无法通过，其原因有可能是解释变量间并非线性关系，而是非线性关系。近年来数据挖掘、机器学习等多种技术方法飞速发展，大量的非线性建模方法得到了广泛的研究和应用，这些方法属于"黑箱"算法，虽然无法明确解释变量的具体影响关系，但往往能够得到更为可靠的模型拟合效果。为避免线性回归模型对酒驾事故预测的误差，本节在充分考虑算法回归效能和泛化能力的基础上，引入非线性的机器学习算法人工神经网络模型（Artificial Neural Network，ANN）和具有不同核函数的支持向量机（Support Vector Machine，SVM）模型，深入研究不同模型对酒驾交通事故的预测能力。以下分别就两种模型的建立过程和结果进行说明。

4.3.1 人工神经网络

人工神经网络（Artificial Neural Network，ANN）是模拟生物神经系统对输入信息进行处理的数据模型。1943年，美国心理学家McCulloch和数学家Pitts

联合提出了形式神经元的数学模型——M-P 模型,证明了单个神经元能够执行逻辑功能,开创了人工神经网络研究新时代。1986 年,D.E.Rumelhart 等人发明了著名的反向传播(Back Propagation,BP)算法,产生了深远影响。近年来掀起学习热潮的深度学习本质上也是一种多层神经网络。

1. 基本结构

神经元是神经网络操作的基本信息处理单位,典型的 M-P 神经元模型如图 4-3 所示[101],在该模型中,神经元接受来自其他 n 个神经元传递过来的输入信号,这些输入信号通过带权重的连接进行传递,神经元接收到的总输入值与神经元的阈值进行比较,然后通过激活函数(Activation Function)处理,产生神经元的输出 y。常用的激活函数有 Sigmoid 函数、Tanh 函数和 Relu 函数等。同时,在 ANN 发展过程中,还产生了很多学习规则,以适应不同的神经网络结构和实际问题。

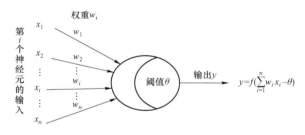

图 4-3 人工神经元模型

2. BP 神经网络

多层网络的学习能力显著优于单层感知机,反向传播神经网络是一种误差逆传播算法训练的多层前馈网络,学习算法是误差校正学习算法——δ 学习规则。BP 神经网络的典型实现思路是,如图 4-4 对于指定训练数据集,假设输入 d 个属性参数,输出结果为 l 维向量,中间隐含层具有 q 个神经元[102],则表示如下:

$$D=\{(x_1,y_1),(x_2,y_2),\cdots,(x_m,y_m)\}, x_i \in R^p, y^i \in R^q \qquad (4-13)$$

其中，v_{ih} 表示输入层第 i 个神经元与隐含层第 h 个神经元之间的连接权重，w_{hj} 表示隐含层第 h 个神经元与输出层第 j 个神经元之间的连接权重，α_h 表示隐含层第 h 个神经元接收到的输入，β_j 表示输出层第 j 个神经元接收到的输入，b_h 为第 h 个隐含层神经元的输出。

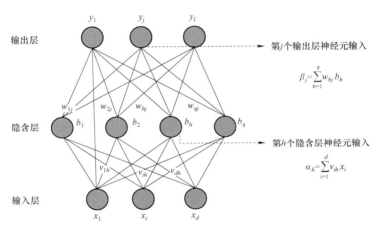

图 4-4　三层 BP 神经网络结构

假设隐含层和输出层每个功能神经元都使用 Sigmoid 函数：

$$y = \frac{1}{1+e^{-x}} \quad (4-14)$$

对于训练数据 (x_k, y_k)，假定神经网络输出为 $\hat{y}_k = (\hat{y}_1^k, \hat{y}_2^k, \cdots, \hat{y}_l^k)$，即：

$$\hat{y}_j^k = f(\beta_j - \theta_j) \quad (4-15)$$

则神经网络在 (x_k, y_k) 上的均方误差为：

$$E_k = \frac{1}{2}\sum_{j=1}^{l}\left(\hat{y}_j^k - y_j^k\right)^2 \quad (4-16)$$

BP 神经网络基于梯度下降策略，以目标的负梯度方向比较不同参数组合寻优，其最终目标是要通过多次学习，使得最小化训练集 D 上的累计误差 E 值最小，此时模型达到最优效果。

$$E = \frac{1}{m}\sum_{k=1}^{m}E_k \quad (4-17)$$

需要注意的是，多层感知器对特征缩放，即数据集中的异常大或异常小值较为敏感，因此需要对数据在训练集和测试集上均进行标准化，将输入向量 X 的每个特征属性标准化，即转换成均值为 0、方差为 1 的正态分布。为此，在 Python 机器学习软件平台，使用 StandardScaler 等函数对输入变量进行预处理。

综上所述，ANN 模型具有分类精度高、鲁棒性好、自主学习水平高、非线性拟合能力强的特点。为避免线性分类模型的不足，考虑到样本量较小和尽可能去发现特征间更为复杂的关系，本书基于多层感知器（Muti-Layer Percetron，MLP）的 BP 神经网络模型进行比较分析。

4.3.2 支持向量回归

SVM 最初被应用于线性分类问题，其基本原理是基于训练集，在样本空间中去寻找能够将不同类别样本分开的超平面。通过引入核函数，支持向量机能够将低维分类问题投射到高维空间，从而选择出最佳分隔平面。分类与回归具有一定相似性，当 SVM 用作回归预测时，又被称作 SVR（Support Vector Regression，支持向量回归）。支持向量回归假设可容忍 $f(x)$ 与 y 之间的差别绝对值大于 ε 时才计算损失，如图 4-5 所示，这相当于以 $f(x)$ 为中心，构建宽度为 2ε 的间隔带，若训练样本落入橙色区域的间隔带，则认为预测正确[103-104]。

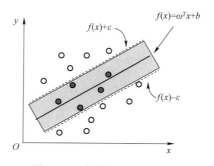

图 4-5 支持向量回归示意

1. 线性支持向量回归机

设给定训练集：

$$T = \{(x_1, y_1), \cdots, (x_i, y_i)\} \in (X \times Y)^l \quad (4-18)$$

其中，$x_i \in X = R^n$，$y_i \in Y = R$，$i=1, \cdots, l$。

对于线性回归，存在如下预测函数：

$$f(x) = (\omega \cdot x) + b \quad (4-19)$$

其中，$w \in R^n$ 为权向量，$b \in R$ 为偏置，$\omega \cdot x$ 表示内积。

ε 不敏感损失函数为：

$$c(x, y, f(x)) = \begin{cases} 0, & |f(x_i) - y_i| < \varepsilon \\ \hat{c}(|f(x_i) - y_i| - \varepsilon), & |f(x_i) - y_i| \geq \varepsilon \end{cases} \quad (4-20)$$

为满足上式预测风险最小，根据最大间隔法的基本思想，构造最优化问题：

$$\min R(\omega, b) = \frac{1}{2}\|\omega\|^2 + C\sum[\hat{c}(\xi_i) + \hat{c}(\xi_i^*)] \quad (4-21)$$

$$s.t. \begin{aligned} & y_i - (\omega \cdot x_i) - b \leq \varepsilon + \xi_i \\ & (\omega \cdot x_i) + b - y_i \leq \varepsilon + \xi_i \\ & \xi_i \geq 0, \ \xi_i^* \geq 0, \ i=1, \cdots, l \end{aligned} \quad (4-22)$$

式（4-21）中，C 为惩罚因子，ξ_i，ξ_i^* 为非负松弛变量，其中 C 解释了算法对超出 ε 通道的非正常样本数据的惩罚程度。式（4-22）为线性的凸二次优化问题，通过拉格朗日函数，将其转化为下面的对偶问题：

$$\max(W) = \sum_{i=1}^{l}(\alpha_i - \alpha_i^*)y_i - \varepsilon\sum_{i=1}^{l}(\alpha_i - \alpha_i^*) - \frac{1}{2}\sum_{i=1,j=1}^{n}(\alpha_i - \alpha_i^*)(\alpha_j - \alpha_j^*)(x_i \cdot x_j) \quad (4-23)$$

$$s.t. \begin{cases} \sum_{i=1}^{l}(\alpha_i - \alpha_i^*) = 0 \\ 0 \leq \alpha_i, \alpha_i^* \leq C \end{cases}$$

式中，C 为惩罚因子，α_i，α_i^* 为拉格朗日乘子。

求解式（4-22），得到最优解 $\alpha = (\alpha_1, a_1^*, \alpha_2, a_2^*, \cdots, \alpha_1, a_1^*)^{\frac{\pi}{2}}$ 以及阈值 b，从而构造出线性问题的回归预测函数：

$$f(x) = \sum_{i=1}^{l}(\alpha_i^* - \alpha_i)(x_i, x) + b \qquad (4-24)$$

2. 非线性支持向量回归机

支持向量机对于非线性分类，把低维的非线性的原始数据通过函数映射到高维特征空间中，然后就可以在高维特征空间中进行线性处理。

将输入量 x 通过映射 $\Phi: R^n \rightarrow H$ 映射到高维特征空间 H 中用函数 $f(x) = w \cdot q(x) + b$ 拟合数据 (x_i, y_i), $i=1, \cdots, n$。则二次规划目标函数：

$$w(\alpha, \alpha^*) = \frac{1}{2}\sum_{i=1,j=1}^{n}(\alpha_i - \alpha_i^*)(\alpha_j - \alpha_j^*)(x_i \cdot x_j) + \sum_{i=1}^{l}(\alpha_i - \alpha_i^*)y_i - \varepsilon\sum_{i=1}^{l}(\alpha_i + \alpha_i^*) \qquad (4-25)$$

$$s.t. \begin{cases} \sum_{i=1}^{l}(\alpha_i - \alpha_i^*) = 0 \\ 0 \leqslant \alpha_i, \alpha_i^* \leqslant C \end{cases}$$

则可求出：

$$\omega = \sum_{i=1}^{N}(\alpha_i^* - \alpha_i)\phi(x_i) \qquad (4-26)$$

$$b = y_i - \sum_{i=1}^{N}(\alpha_i^* - \alpha_i)K(x_i, x_j) - \varepsilon \qquad (4-27)$$

$$f(x) = \sum_{i=1}^{N}(\alpha_i - \alpha_i^*)(\phi(x_i) \cdot \phi(x)) + b \qquad (4-28)$$

即：

$$f(x) = \sum_{i=1}^{N}(\alpha_i - \alpha_i^*)k(x_i \cdot x) + b \qquad (4-29)$$

其中，$k(x_i \cdot x)$ 是核函数。

核函数选择是支持向量机建模的关键。若核函数选择不合适，则意味着将样本映射到了一个不合适的特征空间，很可能导致模型性能不佳。常用核函数如表 4-6 所示。

表 4-6 常用核函数

名称	表达式	参数
线性核 linear	$k(x_i, x_j) = x_i^T x_j$	
多项式核 ploy	$k(x_i, x_j) = (x_i^T x_j)^d$	$d \geqslant 1$ 为多项式的次数
高斯核 rbf	$k(x_i, x_j) = \mathrm{Exp}\left(-\dfrac{\|x_i - x_j\|^2}{2\sigma^2}\right)^d$	$\sigma > 0$ 为高斯核的带宽
拉普拉斯核	$k(x_i, x_j) = \mathrm{Exp}\left(-\dfrac{\|x_i - x_j\|}{\sigma}\right)^d$	$\sigma > 0$
Sigmoid 核	$k(x_i, x_j) = \mathrm{Tanh}\left(\beta x_i^T x_j + \theta\right)$	Tanh 为双曲正切函数，$\beta > 0, \theta < 0$

其中，$k(x_i, x_j)$ 是定在输入空间上的对称函数，对于任意数据，由 $k(x_i, x_j)$ 组成的核矩阵 **K** 为半正定矩阵。

虽然本书采集了天津市 3 356 起酒驾事故数据，但在机器学习领域看来，样本数量规模依然较小。SVR 模型在高维小样本数据集上具有良好的分类性能和泛化能力，计算效率较高，特别适用于本文所述酒驾交通事故这类样本总量小的数据集。为此，针对不同核函数（rbf，poly，linear）对回归性能影响，从样本线性可分和线性不可分两个角度对酒驾交通事故进行预测研究。

4.3.3 机器学习模型构建

以前述酒驾交通事故数据集为研究对象，基于机器学习平台 Python 3.6 编程，分别构建 ANN 模型和具有不同核函数的 SVR 模型（rbf，poly，linear），基于交叉验证和网格搜索方法进行模型训练和参数寻优。

1. 交叉验证

交叉验证（Cross Validation）用于防止模型过于复杂而引起的过拟合，有时亦称循环估计，是一种统计学上将数据样本切割成较小子集的实用机器学习模型评估方法。常用的交叉验证法有：留一交叉验证（Least-One-Out Cross-Validation）、k 折交叉验证法（k-Fold Cross-Validation，k 值常用 2，5，10 等）。本书 k 取 10，即采用 10 折交叉验证进行不同模型训练，将数据集分成 10 份，轮流将其中 9 份作为训练集，将其余 1 份作为测试集，用于算法预测效果的评价。10 折交叉验证示意如图 4-6 所示。

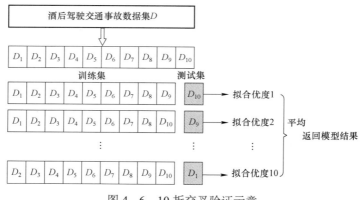

图 4-6　10 折交叉验证示意

2. 参数寻优

机器学习模型中均存在部分不确定参数，不同参数的组合可能导致模型结果不同。Python 的 Scikit-Learn 机器学习库提供了基于 Window 平台的 GridSearchCV 工具，在给定数据情况下，估计器在设定的参数网格中拟合时计算分数，并选择参数来最大化交叉验证分数。采用 GridSearchCV 工具对 ANN 模型进行参数自动寻优。但同时考虑到完全的自动搜索会带来极大的资源和时间消耗，因此对参数进行部分手动调整，缩小了寻找范围。

4.3.4 模型结果分析

基于上述方法对不同模型进行建模,分别计算四种模型的拟合度、均方误差和平均绝对误差作为评价指标,结果如表 4-7 所示。通过与前述 OLS 模型对比可以发现,SVR(rbf)模型拟合优度值最大达到 0.391,可以更好地对酒驾事故进行预测。但当核函数分别为 linear 和 poly 时,模型拟合效果较差,同时 MAE 和 MSE 值也相对较高。参数寻优结果显示,当 BP 神经网络的隐含层第一层取 9 个神经元,第二层取 2 个神经元时,BP 神经网络模型此时拟合效果最好,但拟合效果仍然偏低。

表 4-7 非线性模型预测结果对比

模型	R^2	MSE	MAE
BP 神经网络	0.233	0.073	0.159
SVR(linear)	0.016	0.093	0.157
SVR(poly)	0.175	0.078	0.149
SVR(rbf)	0.391	0.058	0.133

4.4 本章小结

本章在不考虑影响因素的空间交互影响条件下，对酒驾事故进行了线性和非线性预测研究。首先，对酒驾事故影响因素数据进行了相关性检验，排除了多重共线性影响后进行对数化预处理。其次，在总结归纳线性回归理论基础上，构建最小二乘法线性回归模型进行酒驾事故预测。最后基于机器学习理论，分别建立基于人工神经网络模型和支持向量回归模型的酒驾事故预测非线性模型，并对模型预测效果进行对比分析。最终得到以下结论：

（1）基于交通小区空间尺度的酒驾交通事故影响因素通过了多重共线性检验（VIF＜10）；

（2）在不考虑空间效应情况下，OLS 模型结果表明拟合优度值为 0.311，模型残差显示结果具有统计学意义，而休闲娱乐密度、餐饮服务密度未能通过 t 检验；

（3）在不考虑空间效应情况下，对比不同非线性模型的拟合度、均方误差和平均绝对误差可知，SVR（rbf）模型优于其他模型，具有最佳预测效果，可以更好地对酒驾事故进行预测。

第 5 章

酒驾交通事故空间自相关性研究

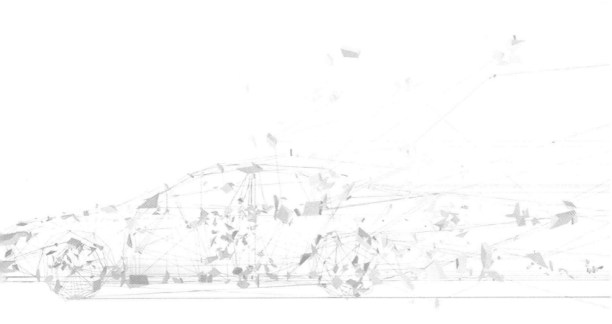

空间数据挖掘以突破"数据过量而知识贫乏"的瓶颈，解决日益增长的深层次数据利用问题为目标，它是数据挖掘在地理空间信息科学的深入发展[105]。考虑到酒精事故与酒精可获得性等影响因素存在密切空间关系，因此，本书从城市地理空间视角着手，基于空间计量经济学相关理论，对酒驾事故展开空间数据挖掘，从获得的空间数据发现研究、解决区域酒驾事故预测的模式方法。

空间计量经济学最初起源于空间数据统计分析，它是空间统计学和计量经济学的融合发展。从地理空间角度看，传统的经济学分析和计量模型都忽略了空间效应的两个重要来源：空间自相关性（Spatial Autocorrelation）和空间异质性（Spatial Heterogeneity）。前者主要是指空间观测单位之间的地理依赖或相关。后者是指地理空间上的区域缺乏均质性，存在发达地区和落后地区、中心（核心）和外围（边缘）地区等经济地理结构，从而导致经济社会发展和交通特征行为存在较大的空间差异性。它反映的是空间观测单元间关系的不平稳性[106]。本章重点针对酒驾事故的空间自相关性展开研究，如图5-1所示为本章的研究框架。

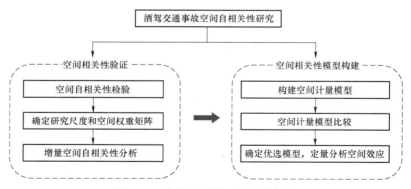

图5-1　空间相关性研究结构框架

5.1 空间自相关性检验

空间自相关性是研究分布在不同空间位置的地理事物的某一属性值之间的统计相关性[107]。根据 Tobler 地理学第一定律，空间距离越近的事物其属性之间相关性越大，空间自相关性（又称空间依赖性）越强[108]。全局莫兰指数（Moran's I）是最早应用于检验空间关联性和集聚问题的探索性空间分析指标，它能够反映整个研究区域内，各个地域单元与邻近地域单元之间的相似性[109]。具体定义为：

$$I = \frac{\sum_{i=1}^{n}\sum_{j=1}^{n}\omega_{ij}(x_i - \bar{x})(x_j - \bar{x})}{S^2 \sum_{i=1}^{n}\sum_{j=1}^{n}\omega_{ij}} \quad (5-1)$$

其中，n 是研究区域内地域单元总数，ω_{ij} 是空间权重矩阵的元素值，x_i 是地域单元 i 的 x 变量值，x_j 是地域单元 j 的 x 变量值。

局部莫兰指数（简称 LISA）用来检验局部地区是否存在变量集聚现象。地域单元 i 的局部莫兰指数用来度量它和其周围地域单元之间的关联性。定义为：

$$I_i = \frac{(x_i - \bar{x})\sum_{j=1}^{n}\omega_j(x_j - \bar{x})}{S^2} \quad (5-2)$$

莫兰指数取值范围为 [-1，1]，小于 0 表示负相关，大于 0 表示正相关，等于 0 表示不相关。通常采用标准化统计量 Z 值对研究单元空间自相关进行显著性校验，$Z \geq 1.96$ 或 ≤ -1.96 则认为空间具有空间自相关性。

另外，在交通事故研究中，许多密度分析和热点分析工具都要求提供区域的半径阈值，例如，ArcGIS 软件的热点分析工具的默认空间关系的概念化为 FIXED_DISTANCE_BAND，需要指定距离阈值。传统的阈值确定大多是通过交通调查获得，而在酒驾事故研究中，考虑到空间相关性随着距离变化的变化，可借助 ArcGIS 软件的增量空间自相关工具科学确定阈值。本章在不同空间尺度下，基于不同空间权重对酒驾事故的全局莫兰指数分别进行检验。在确认具有空间相关性的基础上，运用增量空间自相关工具，如图 5-2 所示具体描述酒驾事故空间相关性与距离的关系。

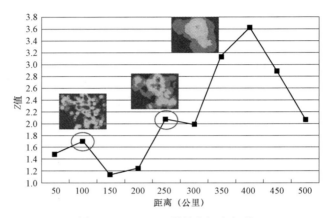

图 5-2　ArcGIS 增量空间自相关

5.2 空间研究尺度选择

空间研究尺度选择是指在空间计量研究过程中，基于不同划分原则选定空间区域大小和空间范围。当空间尺度变大时，数据细化，有助于发现个性知识；当空间尺度变小时，数据概化，有助于发现共性知识。在已有的空间交通事故研究中，采用的研究尺度有行政区、街道、邮政编码区、交通分析小区、特定区域等，但对于类似中国天津市这样的发展中国家的特大型城市，哪种空间研究尺度更有利于酒驾事故的空间效应描述，尚无定论。

TAZ作为交通规划的空间分析单元，获取数据方便，而且宏观安全分析结果可以更好地融入交通规划中，考虑到事故研究的目的之一在于为未来开展交通安全规划和管理、宣传、教育等提供政策依据，为便于衔接宏观交通安全规划和对应的交通安全管理政策实施，基于莫兰指数计算，如图5-3所示，对行政区、街道和交通小区三种不同类型的空间研究尺度进行空间相关性探索分析，将研究区域分成若干分析单元，收集每个单元内人口、道路、酒精可获得性POI数据作为模型自变量，酒驾事故数据作为因变量，建立宏观的空间自相关模型预测酒精事故。

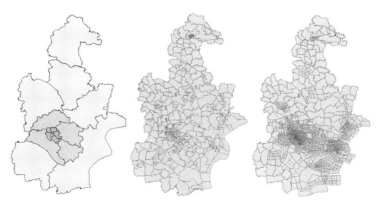

图5-3　行政区、街道和交通小区的空间分析单元

5.3 空间权重矩阵选择

5.3.1 空间权重矩阵定义

在空间计量模型中,空间权重矩阵表达了空间单元间的相互依赖关系,是空间相关性度量和验证的重要基础数据。空间权重矩阵的选择与创建,与最终空间计量模型的解释力具有重要联系。通常通过定义二元对称矩阵来表达 n 个空间单元之间的邻接关系,构成 $n \times n$ 阶矩阵。建立空间单元需恰当的量化空间位置关系与空间属性关系。空间权重矩阵如下所示:

$$W = \begin{bmatrix} W_{11} & W_{12} & \cdots & W_{1n} \\ W_{21} & W_{22} & \cdots & W_{2n} \\ \vdots & \vdots & \vdots & \vdots \\ W_{n1} & W_{n1} & \cdots & W_{nn} \end{bmatrix} \quad (5-3)$$

其中,W 表示空间权重矩阵;W_{ij} 表示空间单元 i 与空间单元 j 的量化空间关系。

常用的空间权重矩阵形式分为"邻接性"空间权重矩阵和"距离性"空间权重矩阵,具体定义方式有:

1. "邻接性"空间权重矩阵

Moran 在 1948 年提出了二元连接矩阵,主要包括"车式(Rook)"邻接、"象式"(Bishop)邻接和"后式(Queen)"邻接三种,其定义为:

$$W_{ij} = \begin{cases} 1, \text{如果区域 } i \text{ 与区域 } j \text{ 相邻接} \\ 0, \text{如果区域 } i \text{ 与区域 } j \text{ 不相邻接} \end{cases} \quad (5-4)$$

如图 5-4 所示,与国家象棋类似,Rook Type 是如果两个空间单元之间存在公共的边,就定义为"邻接",否则为"不邻接";Bishop Type 是如果两个空间单元存在公共的点,就定义为"邻接",否则为"不邻接";Queen Type 是如果两个空间单元存在公共的点或者边,就定义为"邻接",否则为"不邻接"。

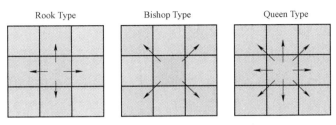

图 5-4 "邻接性"空间权重矩阵

2. "距离性"空间权重矩阵

"距离性"空间权重的定义相对较为复杂,从"距离"变量属性来看,可将空间分"非几何距离"和"几何距离"两种。前者主要是以非几何距离变量,如不同地域单元的邻接边界长度、土地面积、双边贸易额、交通便利程度和社会网络结构等来确定权重矩阵元素值。后者则以"纯粹"的几何距离为变量定义元素值。根据已有文献,常用"距离"定义有以下 3 种:

(1) 有限距离是指用距离阈值定义矩阵元素值。当两个空间单元之间的距离 d_{ij} 不大于设定的距离阈值 d_{max} 时,元素值定义为 1;否则,元素值就定义为 0。

$$W_{ij} = \begin{cases} 1, 0 \leq d_{ij} \leq d_{max} \\ 0, d_{ij} \geq d_{max} \end{cases} \quad (5-5)$$

其中,d_{ij} 表示两个空间单元间质心的距离,可以是欧式距离或曼哈顿距离。

(2) 负相关距离是指用两个空间单元之间距离 d_{ij} 的递减函数值定义矩阵元素值。

$$W_{ij} = d_{ij}^{-\alpha} \quad (5-6)$$

其中，α 表示距离衰减指数，取值为 1，2，…；d_{ij} 表示两个空间单元间质心的距离，可以是欧式距离或曼哈顿距离。

（3）混合距离兼有上述两种距离定义元素值的特点，一部分元素值是距离的递减函数值，另一部分直接定义为 0。比如 k 最近邻空间权重矩阵。

对于城市地理空间而言，只有点接触的空间单元较少。同时，反距离空间权重矩阵（Converse Distance，$a=1$）能够反映空间相关性随着距离衰减而减弱的特性。为此，结合国内外地理空间相关研究文献，在不同空间研究尺度下，分别构建基于"车式（Rook）"邻接、"后式（Queen）"邻接和反距离空间权重矩阵，研究行标准化对空间相关性结果的影响。最后，Woolridge 等学者认为要保证模型的空间相关性收敛，需对空间权重矩阵进行行标准化，因此行标准化对空间相关性度量的影响同样需要考虑。

5.3.2 空间权重矩阵构建

空间权重矩阵的构建可通过不同软件实现，但地理信息系统软件 ArcGIS 和空间计量软件 Geoda 无法开展区域间的空间溢出效应分析，因此对 Geoda 软件生成的空间权重进行编程，转化为 MATLAB 软件可识别的数据格式。如图 5-5、图 5-6 所示，分别为 ArcGIS 和 Geoda 软件中的空间权重矩阵创建界面，其对应关系如下：

（1）CONTIGUITY_EDGES_ONLY——"车式"邻接；

（2）CONTIGUITY_EDGES_CONRNERS——"后式"邻接；

（3）INVERSE_DISTANCE——反距离空间权重。

第 5 章 酒驾交通事故空间自相关性研究

图 5-5 ArcGIS 软件权重矩阵创建界面

图 5-6 Geoda 软件权重矩阵创建界面

5.4 空间计量模型构建

5.4.1 空间计量模型定义

空间计量模型被用于解决空间依赖性问题,Elhorst等学者[110]认为具有所有类型交互效应的通用空间计量模型形式如式(5-7)所示:

$$Y = \rho WY + WX\theta + X\beta + \alpha l_N + u$$
$$u = \lambda Wu + \varepsilon \quad (5-7)$$

其中,Y 是被解释变量矩阵,X 是解释变量矩阵,WY 是被解释变量之间存在的内生交互效应,WX 是解释变量之间存在的外生交互效应,Wu 是不同区域误差项之间存在的交互效应。ρ 称为空间自回归系数,其大小反映空间扩散或空间溢出的程度,如果 ρ 显著,表明被解释变量之间存在一定的空间依赖。θ 是外生交互效应的系数,θ 越显著表明解释变量存在的空间交互作用越强。λ 是回归残差的空间自相关系数,β 表示回归系数,ε 是随机误差项常量,通常认为是独立分布的。l_N 是单位向量,它与被估计的常数项参数 α 有关。

(1)当 $\theta=0$,$\lambda=0$ 时,如式(5-8)所示为空间滞后模型(Spatial Lag Model,SLM)或空间自回归模型(Spatial Autoregressive Model,SAR),主要用来分析因变量之间的交互影响,ρ 值大小反映空间扩散和溢出程度,如果 ρ 值显著,则表明被解释变量之间存在空间依赖性。

$$Y = \rho WY + X\beta + \alpha l_N + \varepsilon \quad (5-8)$$

(2)当 $\rho=0$,$\theta=0$ 时,如式(5-9)所示为空间误差模型(Spatial Error Model,SEM),当使因变量产生空间自相关性的因素没有体现在解释变量中时,其效应将被体现在误差项中。

$$Y = X\beta + \alpha l_N + u$$
$$u = \lambda W u + \varepsilon \qquad (5-9)$$

(3) 当 $\lambda=0$ 时，如式（5-10）所示为空间杜宾模型（Spatial Durbin Model，SDM），它是 SLM 模型的扩展，不仅考虑了因变量的空间相关性，还考虑了被解释变量的空间相关性。Lesage 等[111]学者提出基于 SDM 模型可以估计解释变量的直接效应和间接效应（又称溢出效应），从而解释空间计量模型的边际效应。直接效应是指本小区人口密度、路网密度、交叉口密度和酒精可获得性对该小区酒驾事故发生的影响，溢出效应是指相邻小区的影响因素对本小区酒驾事故或者本小区的影响因素对邻近小区酒驾事故发生的影响。

$$Y = \rho W Y + W X \theta + X\beta + \alpha l_N + \varepsilon \qquad (5-10)$$

需要注意的是，SDM 模型的系数并不能直接用于测度直接效应、溢出效应和总效应。将式（5-10）变换为向量形式（5-11），得出式（5-12）中矩阵 $S_r(W)$ 的主对角线元素之和除以 n 为平均直接效应；矩阵 $S_r(W)$ 所有元素之和除以 n 为平均总效应；平均溢出效应为平均总效应与平均直接效应的差。

$$(I_n - \rho W)y = \beta X + \theta W X + l_n\alpha + \varepsilon \qquad (5-11)$$

$$y = \sum_{r=1}^{k} S_r(W) x_r + V(W) l_n \alpha + V(W)\varepsilon \qquad (5-12)$$

其中，$S_r(W)$ 和 $V(W)$ 为：

$$S_r(W) = V(W)(I_n \beta_r + W\theta_r) \qquad (5-13)$$

式（5-12）可以写为：

$$V(W) = (I_n - \rho W)^{-1} = I_n + \rho W + \rho^2 W^2 + \rho^3 W^3 + \cdots \qquad (5-14)$$

$$\begin{pmatrix} y_1 \\ y_2 \\ \vdots \\ y_n \end{pmatrix} = \sum_{r=1}^{k} \begin{pmatrix} S_r(W)_{11} & S_r(W)_{12} & \cdots & S_r(W)_{1n} \\ S_r(W)_{n1} & S_r(W)_{22} & \cdots & S_r(W)_{2n} \\ \vdots & \vdots & \vdots & \vdots \\ S_n(W)_{n1} & S_n(W)_{n2} & \cdots & S_r(W)_{nn} \end{pmatrix} \begin{pmatrix} x_{1r} \\ x_{2r} \\ \vdots \\ x_{nr} \end{pmatrix} + V(W) + \alpha l_n + V(W)_u$$

$$(5-15)$$

5.4.2 空间计量模型检验

如图5-7所示，在空间计量模型构建完成后，需要用到多种统计学检验和评价方法对计量模型进行比较选择[112]。

1. 对数似然函数值

在统计学中，似然函数（Likelihood Function）被用来描述当已知随机变量输出结果时，未知参数的可能取值。极大似然估计是一种在似然函数值最大时，即样本出现概率最大时，估计模型对应参数值的统计方法。考虑到对数函数不改变原函数的单调性和极值位置，而且根据对数函数的性质可以将乘积转换为加减式，实际中为计算简便起见，往往将似然函数取对数，故称作对数似然函数值（Log-Likelihood）。对数似然值一般取负值，实际值越大越好。

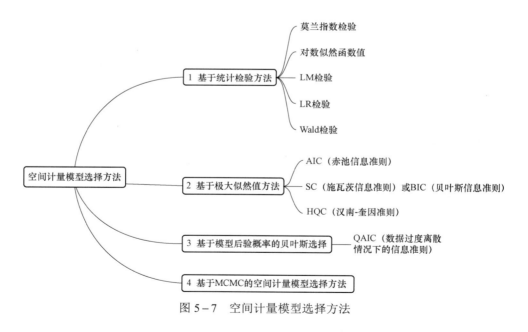

图5-7 空间计量模型选择方法

2. LM检验

经典的拉格朗日乘数检验（Lagrange Multiplier，LM）在用作事前检验时，只需估计约束模型,适用于增加约束条件后模型形式变得简单时的情形。Burridge(1980 年)提出 LM-Error 检验,Anselin(1988)提出了 LM-Lag 检验,Bera 和 Yoon(1992)对前述检验进行改进,提出稳健的 LM-Error 检验(Robust LM-Error)和稳健的 LM-Lag 检验(Robust LM-Lag)。构造的四个统计量分别为:

$$\text{LM-Error} = \frac{(e'We/s^2)^2}{T} \sim \chi^2(1) \quad (5-16)$$

$$\text{LM-Lag} = \frac{(e'Wy/(e'e/n))^2}{R} \sim \chi^2(1) \quad (5-17)$$

$$\text{Robust LM-Error} = \frac{(e'Wy/s^2 - TR^{-1}e'We/s^2)^2}{T - T^2R^{-1}} \sim \chi^2(1) \quad (5-18)$$

$$\text{Robust LM-Error} = \frac{(e'Wy/s^2 - e'We/s^2)^2}{R - T} \sim \chi^2(1) \quad (5-19)$$

其中:

$$s^2 = \frac{e'e}{n} \quad (5-20)$$

$$T = tr(W^2 + W'W) \quad (5-21)$$

$$R = (WX\hat{\beta})'M(WX\hat{\beta})(e'e/n) + tr(W^2 + W'W) \quad (5-22)$$

残差 e 表示观测值 y 和拟合值 $\hat{y}$ 之间的偏差,被用来估计多元线性回归方程的随机扰动项 ε,相应的 s^2 被用来估计随机扰动项的方差 σ^2,W 是对应空间模型的空间权重矩阵,$\hat{\beta}$ 是原假设中模型参数的 OLS 估计,n 是样本容量,即观测的空间区域个数。

3. LR 检验

似然比率(Likelihood Ratio,LR)检验作为事后空间相关性检验方法,通过对约束模型和非约束模型的极大似然估计值进行比较来检验约束条件是否成立。Anselin 提出了 LR 检验的一般表达式,LR 检验是在备择假设和原假设下模型似然函数值之差,具体定义为:

$$\text{LR} = 2(\text{LR}_{ur} - \text{LR}_r) \quad (5-23)$$

其中,下标 ur 是无约束时的结果,下标 r 是有约束时的结果,LR 检验统

计量服从渐进的 $\chi^2(p)$ 分布，p 是自由度，等于约束条件的个数。

4. AIC 准则

Akaike 信息量准则（Akaike Information Criterion，AIC）是由日本统计学家赤池弘次在 1973 年提出的衡量统计模型拟合优良性的判定标准。设模型的似然函数为 $L(\theta,x)$，θ 的维数为 p，x 是随机样本，则 AIC 定义如下[113]：

$$\text{AIC} = -2\ln L(\hat{\theta}_L, x) + 2q \quad (5-24)$$

其中，$\hat{\theta}_L$ 是 θ 的极大似然估计，q 为未知参数个数。

Hurvich 等（1998）将 AIC 准则扩展到非参数回归分析中的光滑参数选择，Brunsdon 和 Fortheringham（2002）则在其基础上更进一步用于地理加权回归分析中的权函数带宽选择，其公式为[114]：

$$\text{AIC} = 2\ln L(\hat{\sigma}) + n\ln(2\pi) + n\left[\frac{n+tr(S)}{n-2-tr(S)}\right] \quad (5-25)$$

其中，n 是样本容量，帽子矩阵 S 的迹 $tr(S)$ 是带宽 h 的函数，RSS 为残差平方和，$\hat{\sigma}$ 是随机误差项方差的极大似然估计。对于 AIC 值进行校正可得 AICc 值，该值最小时地理加权回归权重函数所对应的带宽即为最优带宽。

$$\hat{\sigma} = \frac{\text{RSS}}{n-tr(S)} \quad (5-26)$$

5. SC 准则

施瓦茨信息准则（Schwarz Criterion，SC）又称作贝叶斯信息准则（Bayesian Information Criterion，BIC），是 Schwartz 在 1978 年根据 Bayes 理论提出的判别准则。在回归模型构建时，参数数量个数增加会导致模型复杂度上升，似然函数增大，产生过拟合问题。为避免该现象发生，如式（5-27）所示，SC 均引入了与回归系数个数 q 相关的惩罚项，一般来说，只要样本容量不是太小，就会有 $\ln(n)$ 大于 2，因此 SC 准则比 AIC 的惩罚力度更大，由此生成的回归模型更为简洁。

$$\text{SC} = -2\ln L(\hat{\theta}_L, x) + \ln(n) \cdot q \quad (5-27)$$

其中，参数定义与前述公式一致。

在实际研究中，AIC 值和 SC 常被用作回归模型比较或者解释变量个数选择的依据，值越小越好，HQIC 准则使用较少。虽然在大样本中 SC 是一致估计，而 AIC 不是一致估计，但现实样本通常有限，而 SC 准则对解释变量惩罚太过严厉，可能导致模型太小，故 AIC 准则依然很常用[115]。

5.4.3 空间计量模型构建

本文使用最大似然法（Maximum Likelihood，ML），基于 Matlab 2016 编程对空间计量模型进行参数估计。如图 5-8 所示，模型具体构建流程为：

第一步，对数据进行多重共线性分析等预处理，确保所有解释变量的方差膨胀因子（VIF）均小于 10，再对数纳入空间计量模型展开分析；

第二步，建立传统的最小二乘法回归（OLS）模型，以调整拟合优度 $Adjust\ R^2$ 最大为建模目标选择解释变量，并确保最终所构建模型通过 F 检验，所选解释变量通过 t 检验；

第三步，在不考虑空间效应基础上，基于 SLM 模型、SEM 模型检验 OLS 模型残差，运用经典的拉格朗日乘数（Lagrange Multiplier，LM）检验，即 LM-Lag、LM-Error 和稳健的拉格朗日乘数检验 Robust LM-Lag 和 Robust LM-Error 进行模型检验，确定模型是否具有空间效应，并对具有空间相关性的模型进行增量空间自相关分析。同时，基于 LM 检验对模型中是否存在空间滞后项和空间误差项进行诊断[116]。

第四步，建立 SDM 模型，考虑到不同模型选择准则各有利弊，通过对数似然函数值（Log-Likelihood，LogL）和似然比率（Likelihood Ratio，LR）检验进一步进行 OLS、SLM、SEM 和 SDM 模型的拟合优度比较，优选确定最佳空间计量模型。

第五步，基于优选模型，定量分析讨论解释变量的直接效应、溢出效应和总效应。

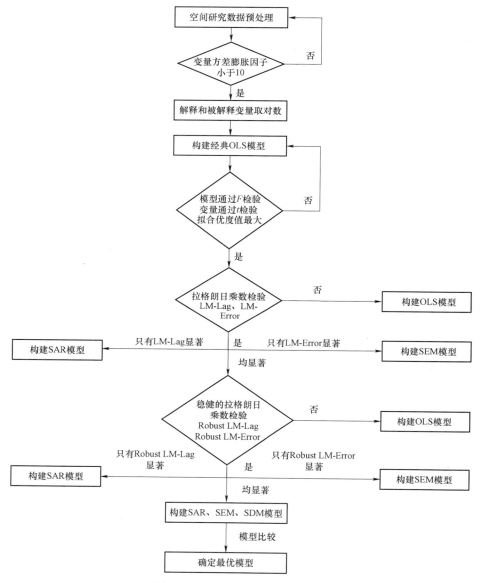

图 5-8 空间计量模型构建流程

5.5 实证结果

5.5.1 全市研究结果

1. 空间相关性检验

以天津市整体作为研究对象,将全市分为行政区(N=16)、街道(N=387)、交通小区(N=2 114)三种空间研究尺度。在空间权重矩阵选择方面,除了经典的"车式"和"后式"邻接权重,考虑到天津市古时又称"天津卫",不同于北京市、西安市等具有"棋盘"型(又称曼哈顿型)路网结构的城市,其城市路网结构大多依水系而建,因此在采用"反距离"权重时同时考虑了欧式距离和曼哈顿距离两种不同形式的距离权重。基于酒驾事故发生起数,计算全局莫兰指数,所得空间相关性检验结果如表 5-1 所示。

表 5-1 空间相关性检验结果

空间尺度	空间权重	全局莫兰指数	Z 值	p 值
行政区	"车式"邻接	0.308	2.464	0.014
	"后式"邻接	0.308	2.464	0.014
	欧式"反距离"	0.037	0.886	0.376
	曼哈顿"反距离"	0.133	1.230	0.219
街道	"车式"邻接	0.054	1.616	0.106
	"后式"邻接	0.044	1.364	0.173
	欧式"反距离"	0.061	1.830	0.067
	曼哈顿"反距离"	0.055	1.923	0.055

续表

空间尺度	空间权重	全局莫兰指数	Z 值	p 值
交通小区	"车式"邻接	**0.299**	**20.899**	**0.001**
	"后式"邻接	0.260	22.632	0.001
	欧式"反距离"	0.192	44.543	0.001
	曼哈顿"反距离"	0.194	42.593	0.001

（1）在行政区尺度，在"车式"和"后式"邻接空间权重下，全局莫兰指数得分均为正，Z 值均大于 1.96，p 值小于 0.05，在 95% 置信度下具有显著正向空间自相关性，说明酒驾事故空间分布并非随机状态，而是呈现显著的空间集聚性。

（2）在街道尺度，在两种"反距离"权重下，全局莫兰指数得分均为正，Z 值大于 1.65，p 值小于 0.10，不能显著拒绝 0 假设，在 90% 置信度下具有正向空间自相关性。说明酒驾事故聚集可能性大于随机分布可能性。

（3）在交通小区尺度，如图 5-9 所示，在四种不同空间权重下，全局莫兰指数得分均为正，Z 值均远大于 1.96，p 值均为 0.001，在 95% 置信度下具有显著正向空间自相关性。但在"车式"邻接空间权重下，空间相关性最为明显，结合前述交通小区空间尺度的优越性，本书后续酒精交通事故空间效应研究主要基于交通小区尺度进行。

需要注意的是，在行政区尺度下，选择两种"反距离"权重时，莫兰指数均不具有显著性。但在街道和交通小区尺度下，选择欧式距离和曼哈顿距离"反距离"权重，前者莫兰指数在 90% 置信度下具有显著性，后者在 95% 置信度下具有显著性，全局莫兰指数得分相差并不是很大，说明在大范围城市地理空间领域研究时，空间距离计算方式影响差别不大。同时在相同条件下，计算局部莫兰指数，亦可知两者结果相差不大，是否进行行标准化对不同空间尺度的莫兰指数值影响亦不明显。

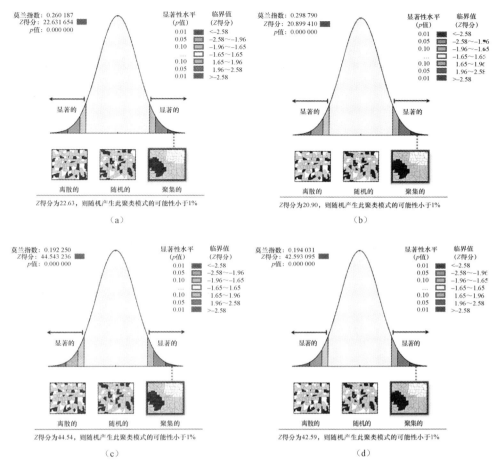

图 5-9　不同空间权重下的交通小区空间相关性
（a）"车式"邻接空间权重；（b）"后式"邻接空间权重；
（c）欧式反距离权重；（d）曼哈顿反距离权重

2. 空间计量模型结果

进一步地，直接剔除未能通过 t 检验的休闲娱乐密度和餐饮服务密度变量，选择人口密度、零售店密度、宾馆酒店密度、公司企业密度、住宅小区密度、交叉口密度和路网密度作为解释变量，基于"车式"邻接空间权重分别构建不同的空间计量模型，具体过程和结果如下：

首先，根据 Lesage 等学者提出的 LM 统计量进行检验。结果表明：LM 检验均在 95%显著性水平上显著，稳健的拉格朗日误差检验在 95%显著性水平上显著，稳健的拉格朗日滞后检验在90%显著性水平上显著，SEM模型的稳健性检验结果略优于SLM模型，表明交通小区尺度、"车式"邻接空间权重下酒驾交通事故具有明显的空间相关性特征。

表5-2 拉格朗日乘数检验结果

检验类型	LM 检验值	p 值
LM-Lag	144.033	0.001**
Robust LM-Lag	2.702	0.100*
LM-Error	155.276	0.001**
Robust LM-Error	13.946	0.001**

注：*表示变量在90%显著性水平上显著；**表示变量在95%显著性水平上显著。

其次，如图5-10分析莫兰指数与空间距离关系，可知酒驾事故增量空间自相关距离为3公里，该阈值可被用作酒后驾驶交通事故热点分析或核密度分析的半径，它有助于交通警察确定巡查区域范围，实施酒驾宣传教育和道路随机呼吸检查。通过更有针对性的区域宣传和执法工作，尽可能在道路检查中发现酒后驾车的驾驶员，而非最终在事故现场发现，从而防止酒驾事故发生。另外，该结果有助于交通代驾等服务行业科学确定代驾热点区域，合理分配代驾人员，而非只通过餐饮服务点来确定代驾需求，从而在一定程度上更有效地缓解酒驾行为发生。

再次，构建SDM模型，与前述SEM模型、SLM模型、OLS模型进行综合比较。故如表5-3所示，根据对数似然估计值（Log-Likelihood），AIC（赤池信息准则）和SC（施瓦茨信息准则）综合对比，四个模型的拟合效果从好到差依次为SDM、SEM、SLM和OLS。为可靠起见，如表5-4所示，基于LR（似然比函数）进一步对SDM模型进行检验，检验结果说明SDM在90%置信水平下不能退化为SLM模型，在95%置信水平下不能退化为SEM模型。

综合以上多角度分析,说明空间杜宾模型拟合效果最优,而考虑空间效应能够显著提高酒驾事故空间自相关模型的拟合效果,因此有必要在研究时纳入空间效应分析。

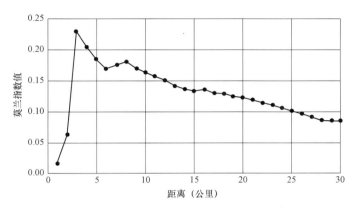

图 5-10　全市交通小区增量空间自相关结果

表 5-3　不同空间计量模型拟合结果

模型	Log-Likelihood	AIC	SC	R^2
OLS 模型	-49.754	115.509	160.759	0.311
SLM 模型	10.043	-2.086	48.821	
SEM 模型	17.188	-18.375	26.876	
SDM 模型	700.378			

表 5-4　似然比率检验结果

LR 检验	全市区域
LR_spatial_lag	11.955
prob_spatial_lag	0.102
LR_spatial_error	14.396
prob_spatial_error	0.045

最后，谨慎起见，为避免在回归方程系数检验时，直接剔除未能通过 t 检验的休闲娱乐密度和餐饮服务密度变量所带来的误差，并且考虑到休闲娱乐密度、餐饮服务密度与零售店密度具有一定相关性，分别用休闲娱乐密度、餐饮服务密度替换前述模型中的零售店密度进行建模，发现所建 OLS 模型同样满足 F 检验，变量满足 t 检验。

同时，基于主成分分析法（Principal Component Analysis，PCA）提取休闲娱乐密度、餐饮服务密度与零售店密度三个变量主成分用于建模，发现所建 OLS 模型满足 F 检验，但交叉口密度变量不满足 t 检验，予以剔除后继续空间计量建模。最终所得模型结果如表 5-5 所示，拟合效果从优到劣依次为 PCA 变量替换模型、餐饮服务密度替换模型和休闲娱乐密度替换模型，但这三个模型结果的解释能力均低于前述融入零售店密度的空间 SDM 模型。

表 5-5　不同解释变量的空间计量模型结果

模型	评价准则	替换变量		
		休闲娱乐密度	餐饮服务密度	PCA 变量
OLS	R^2	0.273	0.283	0.298
	Log-Likelihood	−107.211	−91.565	−69.845
	AIC	230.422	199.131	155.690
	SC	275.672	244.381	200.941
SLM	Log-Likelihood	−33.420	−22.595	−4.792
	AIC	84.841	63.190	27.584
	SC	135.748	114.097	78.491
SEM	Log-Likelihood	−23.562	−14.697	3.354
	AIC	63.124	45.394	9.292
	SC	108.375	90.645	54.543
SDM	Log-Likelihood	643.219	660.026	678.038

3. 空间效应分析

通过 SDM 模型进一步探讨解释变量在全市交通小区尺度的空间交互效应。SDM 模型参数估计结果如表 5-6 所示，其中带有 W 的变量表示邻近区域解释变量对本区域酒驾事故发生的影响。空间自回归系数 ρ 在近郊区和远郊区均显著，表明被解释变量之间存在一定的空间依赖，酒驾事故的研究不能忽略空间溢出效应。本地区和邻近区域人口密度影响均不显著。零售店密度、交叉口密度、路网密度对本区域酒驾事故发生具有显著性正向影响。本区域和邻近区域的宾馆酒店均对本区域酒驾事故发生具有显著的副作用。公司企业密度和住宅小区密度对本区域酒驾事故发生具有显著的负向影响。酒驾事故趋近于零售店等饮酒消费密度高，宾馆酒店和住宅小区等居住类用地密度低的区域，说明酒驾事故的发生更接近饮酒消费区域，而非居住区域。

如表 5-7 所示，从解释变量的直接效应分析，除人口密度外所有解释变量的直接效应均显著。零售店密度、交叉口密度和路网密度增加，会导致本区域酒驾事故发生可能性增加，而宾馆酒店密度、公司企业密度和住宅小区密度增多会导致酒驾事故的降低。从溢出效应来看，零售店密度、路网密度变量溢出效应为正，说明这些变量的增加会导致周边区域酒驾事故的增加。最终，零售店密度和路网密度总体效应显著且为正，宾馆酒店密度、公司企业密度、住宅小区密度、交叉口密度总体效应显著且为负，是影响酒驾事故发生的重要空间因素。

表 5-6 全市 SDM 模型参数估计结果

变量	模型系数	t 统计值
人口密度	0.054	1.529
零售店密度	0.149	18.587**
宾馆酒店密度	-0.068	-5.092**
公司企业密度	-0.312	-17.426**

续表

变量	模型系数	t 统计值
住宅小区密度	-0.039	-2.319**
交叉口密度	0.036	2.288**
路网密度	0.059	3.594**
W×人口密度	0.000	-0.017
W×零售店密度	0.002	0.179
W×宾馆酒店密度	-0.039	-1.739*
W×公司企业密度	0.037	1.149
W×住宅小区密度	-0.009	-0.303
W×交叉口密度	-0.094	-3.211**
W×路网密度	0.090	2.660**
ρ	0.136	3.365**

注：*表示变量在90%显著性水平上显著；**表示变量在95%显著性水平上显著。

表 5-7　全市 SDM 模型的直接效应、溢出效应和总效应估计

解释变量	直接效应		溢出效应		总效应	
	模型系数	t 统计值	模型系数	t 统计值	模型系数	t 统计值
人口密度	0.052	1.497	0.008	0.338	0.060	1.214
零售店密度	0.150	18.728**	0.026	1.656*	0.176	10.830**
宾馆酒店密度	-0.070	-5.178**	-0.055	-2.050**	-0.125	-4.129**
公司企业密度	-0.312	-17.409**	-0.004	-0.111	-0.316	-7.049**
住宅小区密度	-0.040	-2.302**	-0.016	-0.509	-0.056	-1.721*
交叉口密度	0.033	2.094**	-0.101	-3.079**	-0.067	-1.915*
路网密度	0.061	3.738**	0.111	3.297**	0.172	4.568**

注：*表示变量在90%显著性水平上显著；**表示变量在95%显著性水平上显著。

以上解释变量影响的原因可能是零售店是酒精销售的重要来源，且兼具本地消费服务和外卖服务，零售店的辐射效应使得驾驶员饮酒概率大大增加，这与国外类似研究结论相符。宾馆酒店密度溢出效应为负，说明其增长会导致周边区域酒驾事故率降低，其原因可能是前往宾馆酒店住宿的大多非本地居民，大多采用公共交通或出租车等方式，而非以自驾方式前往宾馆酒店住宿，因而导致酒驾事故发生概率降低。

同时，一个有趣的现象是，在对代表道路基础设施状况的路网密度和交叉口密度的分析发现，交叉口密度和路网密度的直接效应均为正，即本区域道路网络复杂，交叉口密度较高所带来的交通冲突增多，导致了酒驾事故更为多发，这与已有针对其他类型交通事故的研究结论类似。但有意思的是，交叉口密度的溢出效应为负，而路网密度的溢出效应为正，这与人们一般认识不同。其原因就在于，本书是针对空间区域的交互效应进行研究，以市区图 5-11 为例进行说明，假设交通小区 Z_1 与 Z_{11}、Z_{12}、Z_{13}、Z_{14}、Z_{15} 等 5 个交通小区相邻接，邻接交通小区如若交叉口众多，则酒驾驾驶员在经过周边交通小区前往 Z_1 过程中面对的交通冲突和风险会更多，会更易于发生事故而无法到达 Z_1 区域。而路网密度则略有不同，邻接区域路网密度的大小代表了 Z_1 区域的可达性，邻接区域路网密度越大，则驾驶员会更易于到达 Z_1 区域，从而导致区域内事故的发生。因此，邻接区域交叉口密度对本区域酒驾事故发生起阻断作用，故溢出效应是负向影响，而邻接区域路网密度对本区域酒驾事故的发生起促进作用，故溢出效应是正向影响。

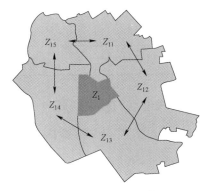

图 5-11　交通路网状况
影响分析示意

5.5.2 分区域研究结果

在前述对整个城市区域开展酒驾事故空间相关性探索与研究基础上，考虑到城市地理空间不同地区影响可能不同，按照图 3-3 的研究区域划分，同时基于交通小区尺度（$N=2,114$，市区 $Z_1=387$，近郊 $Z_2=810$，远郊 $Z_3=917$），以每个交通小区内发生的酒驾事故数量作为被解释变量，以人口密度、零售店密度、宾馆酒店密度、公司企业密度、住宅小区密度、交叉口密度、路网密度作为解释变量展开研究，力求进一步探索发现不同城市地理空间下的酒驾事故空间相关性规律特征。

1. 空间自相关检验

在不同城市空间区域下，酒驾事故的空间相关性验证如表 5-8 所示，在"车式"邻接空间权重下，莫兰指数均为正，Z 得分均远大于 1.96，p 值均远小于 0.05，在 95%置信度下具有显著正向空间自相关性。

表 5-8 分区域空间自相关性检验

所属区域	全局莫兰指数	Z 得分	p 值
市区	0.134	3.875	0.001
近郊区	0.149	6.416	0.001
远郊区	0.390	17.486	0.001

2. 线性回归模型结果

与全市线性回归模型构建方式相似，针对城市不同区域分别构建 OLS 模型。如表 5-9 所示，针对市区酒驾事故的 OLS 模型表明，人口稠密、餐饮服务场合较多和路网复杂均会导致目标小区酒驾交通事故增多，公司企业的增多会导致酒驾交通事故减少，这与人们对于市区酒驾事故发生原因的传统认识基本符合。

表 5-9 市区酒驾事故 OLS 模型结果

解释变量	回归系数	t 统计值	p 值
截距	0.349	2.960	0.003
人口密度	0.061	2.388	0.017
公司企业密度	-0.399	-10.877	0.000
餐饮服务密度	0.043	2.255	0.025
路网密度	0.077	2.068	0.039

3. 空间计量模型结果

首先，对不同城市地理空间区域，基于 OLS 模型残差进行 LM 检验，检验结果如表 5-10 所示。其中，市区 LM 统计量均未能通过显著性检验，与莫兰指数结果相矛盾，其可能是由于市区数据的异方差性和非正态分布导致的莫兰指数计算失真；近郊区在 95%置信水平下通过显著性检验，但 Robust LM 均未能通过显著性检验，远郊区在 95%置信水平下通过 LM 检验和 Robust LM 检验。上述检验结果表明，市区酒驾事故不具有空间相关性特征，近郊区和远郊区具有空间自相关特征。近郊区、远郊区适用于 SLM 模型或 SEM 模型有待进一步验证。

表 5-10 分区域 LM 检验结果表

所属区域	检验类型	LM 检验值	p 值
市区	LM-Lag	0.312	0.576
	Robust LM-Lag	1.242	0.265
市区	LM-Error	1.345	0.246
	Robust LM-Error	2.274	0.132
近郊区	LM-Lag	5.529	0.019
	Robust LM-Lag	0.268	0.604
	LM-Error	5.431	0.020
	Robust LM-Error	0.170	0.680

续表

所属区域	检验类型	LM 检验值	P 值
远郊区	LM-Lag	123.665	0.001
	Robust LM-Lag	8.860	0.003
	LM-Error	120.155	0.001
	Robust LM-Error	5.350	0.021

其次，对具有空间自相关关系的近郊区和远郊区，开展欧式距离下增量空间自相关分析。如图5-12和图5-13所示，在交通分析小区尺度，不同区域的空间自相关性影响，随距离的增长先迅速增大然后逐渐变小，近郊区和远郊区的增量空间自相关距离分别为：1.54公里和7.95公里，在该距离下酒驾事故空间自相关性最为显著。

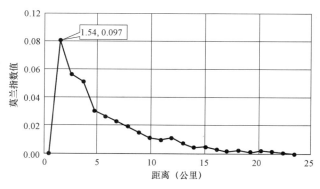

图5-12 近郊区增量空间自相关结果

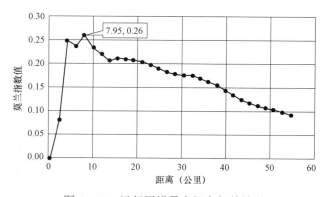

图5-13 远郊区增量空间自相关结果

最后，针对近郊区和远郊区的酒驾事故分别建立 SDM 模型，考虑到不同空间计量模型的检验准则检验效果不同，谨慎起见对 OLS 模型、SLM 模型、SEM 模型和 SDM 模型分别进行对数似然函数值（LogL）检验和似然比率（LR）检验。如表 5-11 所示，LogL 检验结果表明对近郊区和远郊区，四种模型中 SDM 模型 LogL 值最大，空间计量模型均远大于传统 OLS 模型。如表 5-12 所示，更进一步，SDM 模型的 LR 检验结果表明：对于近郊区和远郊区，LR 检验值均在 95%置信水平下显著，表明 SDM 模型不能退化为 SLM 和 SEM 模型。综合以上分析可知，考虑空间效应的计量模型拟合效果优于传统的 OLS 模型，市区酒驾事故不具有空间相关性特征，SDM 模型最适用于近郊区和远郊区的空间相关性效应分析。

表 5-11 分区域对数似然函数值检验结果

所属区域	OLS	SLM	SEM	SDM
近郊区	94.298	377.566	377.529	384.529
远郊区	-127.787	239.812	240.438	247.224

表 5-12 分区域似然比率检验结果

LR 检验	近郊区	远郊区
LR_spatial_lag	25.936	16.402
prob_spatial_lag	0.002	0.012
LR_spatial_error	25.195	15.671
prob_spatial_error	0.003	0.016

4. 空间效应分析

近郊区和远郊区 SDM 模型的参数估计结果如表 5-13 所示，空间自回归系数 ρ 在近郊区和远郊区均显著，表明解释变量之间存在空间依赖，酒驾事故的研究不能忽略空间溢出效应。在近郊区域，零售店密度、休闲娱乐密度和路网密度对本小区内酒驾事故发生具有显著性影响，变量系数均为正。在远郊区域，零售店密度和路网密度对小区内酒驾事故发生具有显著性影响，变量系数均为正。同时，对于远郊区，宾馆酒店密度对远郊区的酒驾事故发生具有显著的负作用。在近郊区和远郊区，公司企业密度对本区域酒驾事故发生均具有显著的副作用，其原因可能是公司企业严格执行相关规章制度，工作期间严禁饮酒。这些结论说明零售店和路网密度是酒驾事故发生概率的重要衡量指标。其原因可能是零售店大多属于酒精现场消费和外卖消费的混合体，相比较餐饮服务点更多的是现场消费，故其酒精服务辐射区域更大。更为重要的是，表明在近郊区和远郊区，影响酒驾事故发生的具体因素及其空间效应并不完全相同。

表 5-13 分区域 SDM 模型参数估计结果

解释变量	近郊区		远郊区	
	模型系数	t 统计值	模型系数	t 统计值
人口密度	0.014	0.256	0.056	1.715**
零售店密度	0.124	8.852**	0.171	9.839**
休闲娱乐密度	0.057	2.540**	/	/
宾馆酒店密度	/	/	-0.092	-3.808**
公司企业密度	-0.321	-9.599**	-0.343	-12.085**
住宅小区密度	-0.041	-1.106	-0.024	-0.549
路网密度	0.063	2.339**	0.095	3.410**
$W\times$人口密度	0.023	0.999	-0.026	-1.157
$W\times$零售店密度	0.004	0.177	0.027	1.259
$W\times$休闲娱乐密度	0.106	2.071**	/	/
$W\times$宾馆酒店密度	/	/	-0.040	-1.194
$W\times$公司企业密度	0.151	2.283**	0.159	2.986**
$W\times$住宅小区密度	-0.155	-2.535**	-0.067	-1.216
$W\times$路网密度	-0.002	-0.031	-0.068	-1.415
ρ	0.106	2.572**	0.400	9.249**

注：*表示变量在 90% 显著性水平上显著；**表示变量在 95% 显著性水平上显著。

如表 5-14 所示,对近郊区和远郊区 SDM 模型的解释变量的直接效应和溢出效应分别进行定量分析。

在近郊区直接效应方面,零售店密度对目标小区酒驾事故正向增长具有最大影响,零售店密度每增长 10%,该区域交通小区酒驾事故增长 1.23%。公司企业密度具有最大负向影响,公司企业密度每增长 10%,酒驾事故下降 3.17%。在溢出效应方面,休闲娱乐密度和公司企业密度增长会导致邻近区域酒驾事故的上升,住宅小区密度具有负向影响,住宅小密度每增长 10%,酒驾事故下降 1.72%。

在远郊区直接效应方面,零售店密度和路网密度对目标小区酒精具有正向影响,零售店密度每增长 10%,该交通小区酒驾事故增长 1.81%。宾馆酒店密度和公司企业密度具有负向影响,且后者影响大于前者。溢出效应方面,零售店密度增长会导致邻近区域酒驾事故的上升,宾馆酒店和住宅小区密度增长,会导致邻近小区酒驾事故的下降。其原因除了前述前往宾馆酒店住宿的大多非本地居民,大多采用公共交通或出租车等方式,还有可能是远郊区区域面积较大,驾驶员饮酒地点距离居住地点较远,在尚未到达居住区域附近时已经发生交通事故。

表 5-14 分区域 SDM 模型的直接效应、溢出效应和总效应估计

所属区域	解释变量	直接效应		溢出效应		总效应	
		模型系数	t 统计值	模型系数	t 统计值	模型系数	t 统计值
近郊区	人口密度	0.016	0.293	0.028	1.114	0.044	0.670
	零售店密度	0.123	8.529**	0.019	0.713	0.142	5.866**
	休闲娱乐密度	0.059	2.622**	0.125	2.186**	0.184	3.202**
	公司企业密度	-0.317	-9.376**	0.128	1.807**	-0.190	-2.433**

续表

所属区域	解释变量	直接效应		溢出效应		总效应	
		模型系数	t 统计值	模型系数	t 统计值	模型系数	t 统计值
近郊区	住宅小区密度	−0.046	−1.290	−0.172	−2.501**	−0.218	−3.823**
	路网密度	0.062	2.312**	0.004	0.061	0.067	0.871
远郊区	人口密度	0.053	1.575	−0.008	−0.202	0.045	0.685
	零售店密度	0.181	10.727**	0.152	4.046**	0.333	8.133**
	宾馆酒店密度	−0.101	−4.056**	−0.123	−2.147**	−0.224	−3.337**
	公司企业密度	−0.341	−11.554**	0.035	0.408	−0.306	−3.063**
	住宅小区密度	−0.030	−0.736	−0.122	−1.849**	−0.152	−2.936**
	路网密度	0.091	3.230**	−0.051	−0.717	0.040	0.500

注：*表示变量在90%显著性水平上显著；**表示变量在95%显著性水平上显著。

综上所述，在不同研究区域选择下，酒驾事故的空间相关性研究结果不同。全市交通小区尺度适用于不同城市间酒驾事故空间依赖性特征及影响因素的整体比较。对于城市内部交通管理，则应充分考虑不同区域的差异，开展分区域酒精可获得性与酒驾事故发生关系的研究。如图5-14所示，总体而言，零售店密度、路网密度对酒驾事故发生具有显著负向作用，公司企业密度对酒驾事故发生具有显著正向作用。人口密度、交叉口密度在全市交通小区尺度，对酒驾事故发生具有显著正向作用，但在分区域研究时，并不具有显著性作用。休闲娱乐密度对近郊区具有负向的直接效应、溢出效应和总效应，宾馆酒店密度对远郊区具有正向的直接效应、溢出效应和总效应。

第 5 章 酒驾交通事故空间自相关性研究

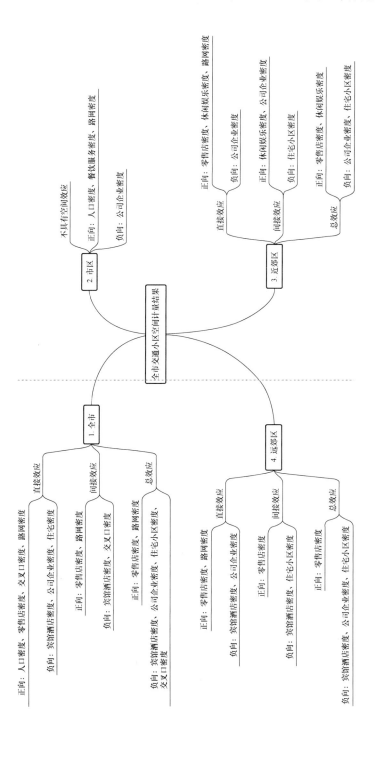

图 5-14 酒驾交通事故空间相关性结果汇总

5.6 本章小结

本章节以酒驾事故空间相关性特征为研究内容：首先，基于不同空间研究尺度和不同类型空间权重对酒驾事故的空间自相关性进行检验。其次，基于人口密度数据、POI 数据和路网数据，分别针对全市交通小区和分区域交通小区，构建 OLS、SEM、SLM 和 SDM 等酒驾事故空间计量模型，并通过检验验证优选模型。最后对模型结果进行了对比分析和解释说明。最终得到以下结论：

（1）酒驾交通事故具有空间相关性特征，且在交通小区尺度、"车式"邻接空间权重矩阵下空间相关性特征最为明显；

（2）在酒驾交通事故空间自相关性研究中，融入空间效应的计量模型拟合效果均好于传统 OLS 模型。通过对比不同空间计量模型，空间杜宾模型具有最佳拟合效果和解释力，可用于区域酒驾事故预测；

（3）全市交通小区和分区域交通小区的空间自相关性影响因素并不完全相同，酒驾事故的空间研究十分有必要基于不同研究目的选择不同研究尺度；

（4）不同空间尺度下，酒驾事故影响因素的直接效应、溢出效应和总体效应不同。总体而言，零售店密度、路网密度对酒驾交通事故发生具有显著正向作用，公司企业密度对酒驾交通事故发生具有显著负向作用。

第 6 章

酒驾交通事故空间异质性研究

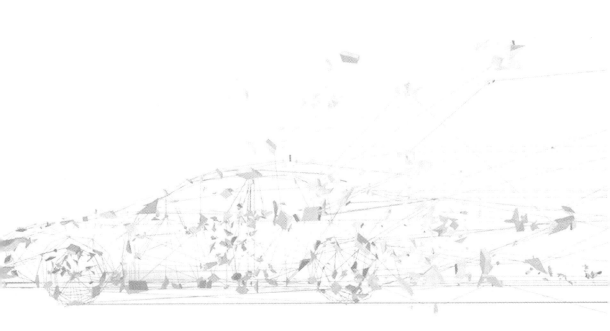

我国《晏子春秋·内篇杂下》中讲到"橘生淮南则为橘,生于淮北则为枳",说明不同的地理环境,对人的影响不同。空间异质性是指空间研究区域内某个变量在不同的空间位置上其属性值存在着差异性。前述空间自相关性模型作为全局模型(Global Model),在分析时假定变量间的关系具有同质性(Spatial Homogeneity),即同一类型的解释变量,在城市地理空间的不同位置具有相同的影响。然而,由于空间异质性(Spatial Heterogeneity)的存在,同一变量的回归系数在城市地理空间的不同位置有可能不同。例如,王鹏[117]等针对北卡罗来纳州的追尾交通事故进行分析,指出不同地区存在空间显著异质性差异。

线性回归模型包括全局和局部模型。全局模型假定在研究区域内回归系数不随空间位置的变化而变化,保持全局一致性。如前所述的多元线性回归模型是最常见的全局模型。局部模型假定在不同区域内,回归系数并不相同,随着空间位置的变化而变化。地理加权回归模型是典型的局部模型[118]。本章旨在深入研究酒驾事故空间效应中的空间异质性特征,具体研究框架如图6-1所示。

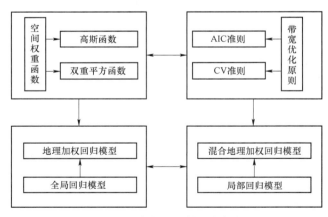

图6-1 空间异质性研究框架

6.1 空间权重函数

与空间自相关性研究类似,空间权重函数,即空间权重矩阵是空间异质性模型的核心。目前比较常见的空间权重函数有距离阈值函数(即"距离性"空间权重矩阵)、高斯函数(Gauss)以及双重平方函数(Bi-Square)。具体函数分别介绍如下:

6.1.1 距离阈值函数

具体定义和公式见 5.3.1 节,主要包括有限距离权重和负相关距离权重等。虽然两者都定义简洁明了,计算简单,但前者存在函数不连续的缺点,在具体应用时会出现随着回归点的改变,参数估计因为一个观测值移入或移出窗口而发生突变。后者在回归点本身也是样本数据点时,会出现回归点观测值权重无穷大的情况,若从样本数据中剔除却又会大大降低参数估计精度。因此,"距离性"空间权重矩阵在地理加权回归模型参数估计中不宜采用。

6.1.2 高斯函数

高斯函数是通过选择一个单调递减函数来表示 W_{ij} 与 d_{ij} 的关系,这一方法克服了距离阈值函数中权重不连续的缺点,其函数形式如下:

$$W_{ij} = e^{-\left(\frac{d_{ij}}{h}\right)^2} \tag{6-1}$$

其中,W_{ij} 是交通小区 i 与交通小区 j 之间的空间权重,d_{ij} 是酒驾事故地点 i 到酒驾事故地点 j 间的欧氏距离;h 是带宽,表示距离与权重之间函数关系的非负衰减参数。带宽越大,权重值随距离的增加而衰减的速度越慢;带宽越小,权重值随距离的增加而衰减的速度越快[119]。

6.1.3 双重平方函数

在实际中，为了提高计算效率，常常将那些对回归参数估计几乎没有影响的数据点截掉，不予计算，而用一种有限高斯函数代替。最常采用的有限高斯函数就是双重平方函数，如下所示：

$$W_{ij} = \begin{cases} \left[1 - \left(\dfrac{d_{ij}}{h}\right)^2\right]^2, & d_{ij} \leqslant h \\ 0, & d_{ij} > h \end{cases} \quad (6-2)$$

其中，参数定义与式（6-1）相同。双重平方函数在回归点 i 的带宽 h 范围内，通过有限高斯连续单调递减函数计算数据点权重，而在带宽之外数据点权重为 0，并且随着带宽越大，权重随距离增加衰减得越慢，带宽越小，权重随距离增加衰减得越快。在距离为 h 附近的数据点权重接近 0，因此个别数据变化不会出现距离阈值函数的突变。高斯函数和双重平方函数是地理加权回归模型最常用的两种权重类型。

6.2 带宽选择与优化

6.2.1 带宽定义

除了不同权函数，对 GWR 模型的研究结果有影响的还有特定权函数的带宽。带宽如果选择过小，会使空间权重随距离增加迅速衰减，从而增加参数估计的标准差。带宽选取过大，则会使权重随距离增加衰减速度过缓，模型会过于光滑，从而导致回归参数估计的偏差较大[120]。空间地理加权回归模型常用的带宽有固定带宽（Fixed）和自适应带宽（Adaptive）两种类型[121]，其中：固定带宽是指按照固定距离来选择带宽，适用于样本点分布均匀的情况；自适应带宽是指依据回归点周围样本点的分布情况，自适应地调整带宽，当附近样本点较少时，取较大带宽，当附近样本点较多时，采用较小带宽。

6.2.2 带宽优化

确定带宽的方法主要有交叉验证法（Cross-Validation，CV）和赤池信息准则（Akaike Information Criterion，AIC）。传统上最常采用的优化原则为最小二乘法，但对于地理加权回归分析的带宽选择却失去了作用。主要原因是对于 $\min\sum_{i=1}^{n}[y_i - \hat{y}_i(h)]^2$，带宽 h 越小，参与回归分析的数据点权重越小，预测值 $\hat{y}_i(h)$ 越接近实际值 y_i，从而使得 $\min\sum_{i=1}^{n}[y_i - \hat{y}_i(h)]^2 \approx 0$，即最优带宽是只包含一个样本点的狭小区域。

为了克服最小二乘法遇到的极限问题，Cleveland 于 1979 年提出了用于局域回归分析的交叉验证法。该方法的公式表达为：

$$C = \frac{1}{n}\sum_{i=1}^{n}[y_i - \hat{y}_{i\neq 1}(h)]^2 \qquad (6-3)$$

式中，$\hat{y}_{i\neq 1}(h)$ 表示 y_i 的最佳估计值，在回归参数估计时不包括某起酒驾交通事故本身，即只根据该起事故周围的酒驾事故点进行回归。当 CV 值最小时，所对应带宽 h 即为最优带宽值。

AIC 准则可用于不同空间效应模型的拟合效果评估。不同模型之间计算得到的 AIC 值相差超过 3，则说明模型的拟合情况有了显著差异。AIC 值越小，模型的拟合效果越优。AIC 准则还可用于最优带宽或近邻个数选择：对于固定型核函数，给定带宽距离范围，遍历计算 AIC 值，依据 AIC 最小准则，AIC 值最小的带宽即最优带宽；对于自适应型核函数，给定近邻个数范围，依据 AIC 最小准则，AIC 值最小的近邻个数即最优近邻个数。

虽然现有大量研究已经充分表明了不同类型的空间权重矩阵和带宽选择方法的适用性，但是考虑到目前在交通事故空间效应研究领域应用仍然相对较少，本章将对不同类型的空间权重矩阵、不同类型的带宽定义方法进行综合比选，基于不同空间地理加权模型，选择最适合描述酒驾事故空间异质性的空间权函数类型和带宽大小。

6.3 空间地理加权模型构建

6.3.1 地理加权回归模型

OLS 回归全局模型仅是对解释变量"均值"的估计,仅对全局参数而不是局部参数进行估计,也不能反映出解释变量在空间上的非平稳性。由于空间异质性在现实世界中是普遍存在的,在不同区域上自变量与因变量之间的关系是不同的,因此产生了许多处理空间异质性的局部空间回归方法。地理加权回归(Geographical Weighted Regressive,GWR)模型是近年来出现的新的空间局部回归方法,它扩展了一般线性回归全局模型,将数据的地理空间位置(如经纬度)嵌入线性模型中,为分析回归关系的空间特征创造了条件[122–123]。

地理加权回归模型的数学表达如下:

$$y_i = \beta_0(u_i, v_i) + \sum_{k=1}^{P} \beta_k(u_i, v_i) x_{ik} + \varepsilon_i \quad i=1,2,\cdots,2114 \quad (6-4)$$

其中,(u_i, v_i) 为第 i 个交通小区质心的坐标,P 为解释变量个数,$\beta_k(u_i, v_i)$ 是第 i 个交通小区的第 k 个回归系数,取值受到第 i 个交通小区影响。ε_i 是第 i 个样本点的随机误差,服从于数学期望为 0,方差为 σ^2 的正态分布,即:

$$\varepsilon_i \sim N(0, \sigma^2) \quad (6-5)$$

不同样本点 i 和点 j 的随机误差相互独立,协方差为 0,即:

$$\text{Cov}(\varepsilon_i, \varepsilon_j) = 0 \; (i \neq j) \quad (6-6)$$

地理加权回归模型可以简写为:

$$y_i = \beta_{i0} + \sum_{k=1}^{P} \beta_{ik} x_{ik} + \varepsilon_i \quad i=1,2,\cdots,n \quad (6-7)$$

若 $\beta_{1k} = \beta_{2k} = \cdots = \beta_{nk}$，回归系数不随空间位置变化而变化，上式退化为多元线性回归 OLS 全局模型。

空间地理加权回归模型的参数估计不能采用最小二乘法，而要采用加权最小二乘法进行。该方法在估算采样点 i 的回归参数时，其邻域内不同采样点观测值相对于它的重要性有所不同，距离 i 点越近的观测值重要性越大，越远的观测值重要性越小。通过式（6-8）的值达到最小来估计交通小区 i 的回归参数：

$$\sum_{j=1}^{n} W_{ij}(y_j - \beta_{i0} - \sum_{k=1}^{p} \beta_{ik} x_{ik})^2 \qquad (6-8)$$

其中，参数定义与前述其他公式一致。

$\hat{\beta}(u_i, v_i)$ 为交通小区 i 在模型中回归系数的估计值：

$$\hat{\beta}(u_i, v_i) = (X'W(u_i, v_i)X)^{-1} X'W(u_i, v_i)Y \qquad (6-9)$$

其中：

$$X = \begin{bmatrix} 1 & x_{11} & \cdots & x_{1k} \\ 1 & x_{21} & \cdots & x_{2k} \\ \cdots & \cdots & \cdots & \cdots \\ 1 & x_{n1} & \cdots & x_{nk} \end{bmatrix}, \quad W(u_i, v_i) = W_i = \begin{bmatrix} w_{i1} & 0 & \cdots & 0 \\ 0 & w_{i2} & \cdots & 0 \\ \cdots & \cdots & \cdots & \cdots \\ 0 & 0 & \cdots & w_{in} \end{bmatrix},$$

$$\beta = \begin{bmatrix} \beta_0(u_1, v_1) & \beta_0(u_1, v_1) & \cdots & \beta_0(u_1, v_1) \\ \beta_0(u_2, v_2) & \beta_0(u_2, v_2) & \cdots & \beta_0(u_2, v_2) \\ \cdots & \cdots & \cdots & \cdots \\ \beta_0(u_n, v_n) & \beta_0(u_n, v_n) & \cdots & \beta_0(u_n, v_n) \end{bmatrix}, \quad Y = \begin{bmatrix} y_1 \\ y_2 \\ \vdots \\ y_n \end{bmatrix}$$

β 的估计值是 $\hat{\beta}$；n 为 2 114，代表交通小区个数；k 为 7，代表解释变量个数，w_{ij} 是交通小区 i 与交通小区 j 之间的空间权重，按对角线顺序依次将 w_{ij} 值填入矩阵 $W(u_i, v_i)$，即得到地理加权回归矩阵。

由交通小区 i 的解释变量组成的向量 X_i 及其回归系数估计值 $\hat{\beta}(u_i, v_i)$，可以得到酒驾事故的拟合值 $\hat{y}_i$ 为：

$$\hat{y}_i = X_i \hat{\beta}(u_i, v_i) = X_i(X'W_iX)^{-1} X'W_iY \qquad (6-10)$$

其矩阵形式可表示为：

$$\hat{Y} = \begin{bmatrix} X_1(X'W_1X)^{-1}X'W_1 \\ X_2(X'W_2X)^{-1}X'W_2 \\ \cdots \\ X_n(X'W_nX)^{-1}X'W_n \end{bmatrix} Y = SY \quad （6-11）$$

其中，S 为 GWR 模型的帽子矩阵。通过上述加权最小二乘法，即可得到模型解释变量回归系数的估计值、模型残差等统计量，可以通过回归系数的描述性统计分析、模型残差的可视化表达等方法进一步分析酒驾事故模型空间效应。

6.3.2 混合地理加权回归模型

在实际应用中，并不是模型中所有的回归参数都随着地理位置的改变而发生变化，有一些参数在空间上是不变的，或者其变化非常小可以忽略不考虑。例如，在房地产价格预测中，房地产的交通基础设施等区位要素的影响力，随着空间地理位置变化而不同，而就业率等社会经济因素则在整个区域基本一致。针对这种情况，地理加权回归模型中随地理位置变化而改变的解释变量，称为局部变量，而不随空间位置变化而改变的解释变量，称为全局变量，这种扩展的地理加权回归模型称为混合地理加权回归（Mixed Geographically Weighted Regression，MGWR）模型。MGWR 模型采用叠加的方式全面考虑了不同解释变量在地理空间上的特征差异，认定一部分变量在整体区域影响程度趋于恒定，一部分变量存在较强的局部管理特征。与 GWR 模型相比，进一步细化描述了解释变量和被解释变量的空间关系，更加符合实际问题的解释。MGWR 模型的数学表达如下：

$$y_i = \beta_0 + \sum_{k=1}^{P_a} \beta_k x_{ik} + \sum_{k=1}^{P_b} \beta_{ik} x_{ik} + \varepsilon_i \quad P_a + P_b = P \; i = 1,2,\cdots,n \quad （6-12）$$

或

$$y_i = \sum_{k=1}^{P_a} \beta_k x_{ik} + \beta_{i0} + \sum_{k=1}^{P_b} \beta_{ik} x_{ik} + \varepsilon_i \quad P_a + P_b = P \; i = 1,2,\cdots,n \quad （6-13）$$

其中，与 GWR 模型类似，$\varepsilon_i \sim N(0, \sigma^2)$，$\mathrm{Cov}(\varepsilon_i, \varepsilon_j)=0$ $(i \neq j)$。式（6-12）中的回归常数为常参数，式（6-13）中的回归常数为变参数。为了明确起见，仅以式（6-13）所示的 MGWR 模型进行研究。以 $(y_i; x_{i1}, x_{i2}, \cdots, x_{ip})$ 表示因变量 y 与自变量 $x_{i1}, x_{i2}, \cdots, x_{ip}$ 的 n 组观测值，i 表示观测点地理位置，令：

$$\boldsymbol{y} = \begin{bmatrix} y_1 \\ y_2 \\ \vdots \\ y_n \end{bmatrix}, \quad \boldsymbol{\beta}_a = \begin{bmatrix} \beta_1^a \\ \beta_2^a \\ \vdots \\ \beta_{p_a}^a \end{bmatrix}, \quad \boldsymbol{\beta}_b = \begin{bmatrix} \beta_1^b \\ \beta_2^b \\ \vdots \\ \beta_{p_b}^b \end{bmatrix}, \quad \boldsymbol{\varepsilon} = \begin{bmatrix} \varepsilon_1 \\ \varepsilon_2 \\ \vdots \\ \varepsilon_n \end{bmatrix} \quad (6-14)$$

$$\boldsymbol{X}_a = \begin{bmatrix} 1 & x_{11}^a & \cdots & x_{1p_a}^a \\ 1 & x_{21}^a & \cdots & x_{2p_a}^a \\ \cdots & \cdots & \cdots & \cdots \\ 1 & x_{n1}^a & \cdots & x_{np_a}^a \end{bmatrix}, \quad \boldsymbol{X}_b = \begin{bmatrix} x_{11}^b & x_{12}^b & \cdots & x_{1p_b}^b \\ x_{21}^b & x_{22}^b & \cdots & x_{2p_b}^b \\ \cdots & \cdots & \cdots & \cdots \\ x_{n1}^b & x_{n2}^b & \cdots & x_{np_b}^b \end{bmatrix}, \quad \boldsymbol{m} = \begin{bmatrix} \sum_{l=1}^{P_b} \beta_{1l}^b x_{1l}^b \\ \sum_{l=1}^{P_b} \beta_{2l}^b x_{2l}^b \\ \vdots \\ \sum_{l=1}^{P_b} \beta_{nl}^b x_{nl}^b \end{bmatrix} \quad (6-15)$$

则（6-12）式可写为矩阵形式为：

$$\boldsymbol{y} = \boldsymbol{X}_a \boldsymbol{\beta}_a + \boldsymbol{m} + \boldsymbol{\varepsilon} \quad (6-16)$$

若保留 $\boldsymbol{X}_a \boldsymbol{\beta}_a$ 而将 $\boldsymbol{m}$ 去掉，则混合地理加强模型变为普通线性回归方程，若保留 $\boldsymbol{m}$ 而将 $\boldsymbol{X}_a \boldsymbol{\beta}_a$ 去掉，则混合地理加权回归模型就变为地理加权回归模型。因此，普通线性回归模型和地理加权回归模型都可以看成是混合地理加权回归模型的特殊形式。

混合地理加权回归模型由常参数部分和变参数两部分组成，在参数估计时应区别对待。具体的参数估计方法包括 Back-Fitting 方法和 PLES 方法。前者将 MGWR 模型的常参数部分和变参数部分轮流作为已知部分代入方程，将原方程构造为 GWR 模型或 OLS 模型分别求解，通过交替迭代在模型的残差平方和达到最小时获得最优解。后者采用部分线性回归的形式，针对常参数部分和变参数部分分别构建 GWR 或者 OLS 模型并进行拟合估计，再将两部分拟合值叠加构成因变量拟合值。

6.4 实证结果

6.4.1 GWR 模型构建

为了与前述章节模型结果进行对比，同时同样考虑到多重共线性等问题，本章选取的解释变量、被解释变量与全市空间计量模型一致，即选择人口密度 x_{i1}、零售店密度 x_{i2}、宾馆酒店密度 x_{i3}、公司企业密度 x_{i4}、住宅小区密度 x_{i5}、交叉口密度 x_{i6} 和路网密度 x_{i7} 作为解释变量，每个交通小区（$N=2,114$）内的酒驾事故对数 y_i 作为被解释变量进行空间地理加权模型构建。根据式（6-7），酒驾事故影响因素的 GWR 模型可构建为：

$$y_i = \beta_{i0} + \beta_{i1}x_{i1} + \beta_{i2}x_{i2} + \beta_{i3}x_{i3} + \beta_{i4}x_{i4} + \beta_{i5}x_{i5} + \beta_{i6}x_{i6} + \beta_{i7}x_{i7} + \varepsilon_i \quad (6-17)$$

把不同的带宽 h 和对应的 AICc 值（修正的 Akaike 信息准则）绘制为趋势线，即可直观地找到最小的 AICc 值所对应的最优带宽 h。如图 6-2 所示，为不同固定带宽值下，GWR 模型的 AICc 值的变化趋势。从图 6-2 中可以发现，AICc 值随着带宽的逐步增大，急剧下降，然后又逐步上升，AICc 值最小时对应的最优带宽 h 约为 6 km。

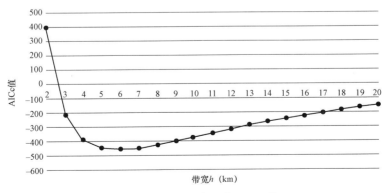

图 6-2 不同带宽下的 AICc 值

如表 6-1 所示，基于不同空间权函数和不同带宽构建 GWR 模型，基于黄金搜索法自动确定最优带宽。研究结果表明，在固定带宽、高斯函数权重下，基于 AICc 准则的空间地理加权模型，带宽为 5 897.15 m 时，具有最小的 AICc 值 -457.908，与其他 GWR 模型相差远大于 3，-2 倍的对数似然函数值最小为 -1 012.76，表明该 GWR 模型拟合效果和解释效果最佳。同时，模型的拟合优度值 R^2 为 0.593，Adjusted R^2 值为 0.522，说明该模型结果可以解释 59.3% 的被解释变量。最后，所有的 GWR 模型的拟合优度值均远大于传统线性回归模型的拟合优度值，表明酒驾事故空间地理加权回归模型的拟合效果均优于传统 OLS 回归模型。

表 6-1 GWR 模型拟合结果

评价指标	OLS 模型	AICc 准则				CV 准则	
		固定带宽		自适应带宽		固定带宽	自适应带宽
		高斯函数	双重平方函数	高斯函数	双重平方函数	高斯函数	高斯函数
Best Bandwidth Size	—	5 897.150	24 989.978	56	229	11 221.002	56
-2 Log-Likelihood	99.509	-1 012.760	-628.991	-424.989	-698.743	-547.912	-424.989
AICc	117.594	**-457.908**	-374.145	-142.269	-263.014	-342.246	-142.269
R^2	0.311	**0.593**	0.512	0.462	0.528	0.493	0.462
Adjusted R^2	0.308	**0.522**	0.474	0.410	0.461	0.459	0.410

注：固定带宽单位为米，自适应带宽单位为个。

如表 6-2 所示为酒驾交通事故空间地理加权模型的系数描述性统计表。GWR 模型是局部回归模型，因此不同区域的每个交通小区都对应一个回归系数。标准差可以用来初步判断各变量回归系数的离散程度，该值越大，则空间分异现象越明显。从表中可以发现，公司企业和零售店标准差最大，说明该解释变量区位差异性最为明显。此外，人口密度密度、住宅小区密度、交叉口密度和路网密度，宾馆酒店密度标准差最小。由最大值和最小值可知，所有变量系数的符号都发生了变化，说明酒驾事故的空间影响因素具有空间异质性。

表6-2 GWR模型回归系数描述性统计

解释变量	最小值	最大值	均值	上四分位数	下四分位数	稳健的标准差
截距	-1.14	2.24	0.16	0.11	0.19	0.06
人口密度	-0.97	3.07	0.05	0.01	0.06	0.04
零售店密度	-0.92	0.83	0.10	0.05	0.13	0.06
宾馆酒店密度	-0.26	0.22	0.00	-0.02	0.01	0.02
公司企业密度	-1.28	0.84	-0.17	-0.22	-0.11	0.08
住宅小区密度	-0.51	0.57	0.00	-0.01	0.02	0.03
交叉口密度	-1.19	0.96	0.03	0.01	0.04	0.03
路网密度	-1.38	1.09	0.02	0.00	0.04	0.03

6.4.2 MGWR模型构建

酒驾事故的发生，既与人的社会行为有关，又与道路网络等交通设施环境有关。前者对应的解释变量包括人口密度和各类酒精销售、消费相关的POI点；后者对应的是路网密度、交叉口密度等表征交通路网复杂程度的解释变量。前述GWR模型将解释变量的影响在空间上均一化。然而，事实上，如分区域空间相关性特征描述，城市市区、近郊区和远郊区具有不同的空间依赖性。不同地区人们的生活习惯不同，不同酒精销售和消费POI点的类别属性、业务范围、营业时间等均有差别，同样有可能具有空间非平稳性。因此，只考虑全市的全局地理加权回归模型对酒驾事故影响因素的分析有可能不够全面，需要融合局部空间地理特征进一步展开探索分析。

1. 确定解释变量类型

如前所述,在固定带宽、高斯函数权重下,基于 AICc 准则的 GWR 模型拟合效果最佳。更进一步地,基于同样原则分别纳入解释变量作为全局变量构建混合 GWR 模型进行对比测试,若 AICc 的差值为正值,则表示将该解释变量纳入作为全局变量进行分析,否则,该变量适用于局部变量。F 检验结果表明人口密度 x_{i1}、住宅小区密度 x_{i5}、交叉口密度 x_{i6} 和路网密度 x_{i7} 在全市范围内影响恒定,应作为全局变量。而零售店密度 x_{i2}、宾馆酒店密度 x_{i3}、公司企业密度 x_{i4},随空间变换而在不同区域范围具有不同影响,应作为局部变量纳入混合地理加权模型,该结果与前述 GWR 模型区位差异性估计结果基本相同。不同解释变量类型下 AICc 值变化情况如表 6-3 所示。

表 6-3 不同解释变量类型下 AICc 值变化情况

解释变量	F	AICc 差值
截距	4.686	−41.775
人口密度	1.683	**12.701**
零售店密度	3.559	−29.542
宾馆酒店密度	3.623	−35.208
公司企业密度	4.766	−58.022
住宅小区密度	1.952	**7.277**
交叉口密度	2.029	**6.180**
路网密度	1.912	**9.449**

2. MGWR 模型构建

如式(6-18)所示,构建混合地理加权回归模型,分别选择与前述 GWR 模型相同的带宽 5 897.150 m 和黄金搜索两种方法确定最优带宽,如表 6-4 所示为 OLS 模型、GWR 模型和 MGWR 模型结果,基于相同固定带宽的 MGWR

模型和 GWR 模型 AICc 值相差小于 2，模型拟合效果比较接近。相比其他模型，基于黄金搜索方法的 MGWR 模型最优带宽为 4 169.501 米，-2 倍对数似然函数值最小，AICc 值最小，该模型能解释 59.6%的酒驾事故的发生。基于黄金搜索方法的 MGWR 模型拟合效果远远优于传统的 OLS 模型。

$$y_i = \beta_{i0} + \beta_1 x_{i1} + \beta_5 x_{i5} + \beta_6 x_{i6} + \beta_7 x_{i7} + \beta_{i2} x_{i2} + \beta_{i2} x_{i3} + \beta_{i2} x_{i4} + \varepsilon_i \quad (6-18)$$

表 6-4 MGWR 模型拟合结果

评价指标	OLS 模型	GWR 最优带宽	MGWR 固定带宽	MGWR 最优带宽
Best Bandwidth Size	—	5 897.150	5 897.150	4 169.501
-2 Log-Likelihood	99.509	-1 012.760	-782.504	-1 030.586
AICc	117.594	-457.908	-456.446	-491.263
R^2	0.311	0.593	0.546	0.596
Adjusted R^2	0.308	0.522	0.499	0.528

3. 模型拟合效果评价

对 MGWR 模型拟合效果进行可视化展示。其中，模型局部拟合优度值，一般范围在 0.0 与 1.0 之间，但在局部空间区域出现模型无截距项，即过原点时，局部拟合优度值可能出现负值。该值与全局拟合优度类似，表示回归模型拟合值与实际值的拟合程度。如果该值非常低，则表示局部模型性能不佳。图 6-3 所示 MGWR 模型在市内六区中拟合度在 0.28 以下，拟合效果较差；环城四区中西青区和北辰区，越靠近市区的区域，拟合值越低，越靠近远郊区的地区，拟合值越高；远郊区中，除滨海新区外，基本能达到 0.70 以上的较高拟合度。同时，滨海新区是拟合优度值出现负数较多的地方，表明该区域的 MGWR 模型可能不存在截距项。空间地理加权模型标准化残差的平均值为零，标准差为 1，标准化残差值超过 2.5 的交通小区表示可能存在计算偏差，如图 6-4 所示大于阈值 2.5 的交通小区有 56 个，占交通小区总数的 2.65%，表明可能计算有误的区域相对较少，模型结果科学可信。

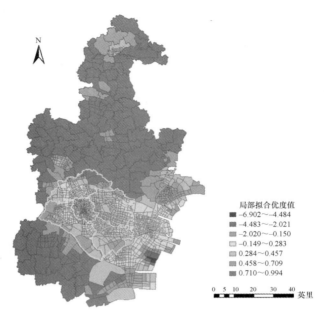

图6-3　MGWR模型局部拟合优度值

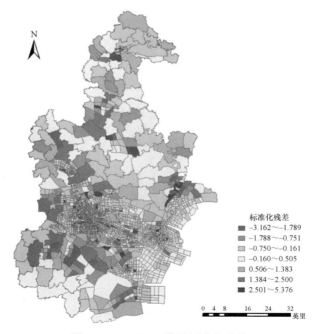

图6-4　MGWR模型标准化残差

6.4.3 影响因素分析

对黄金搜索法下的 MGWR 模型解释变量的空间影响进行分析,重点针对局部变量影响展开分析。

1. 全局变量分析

如表 6–5 所示,MGWR 模型四个全局回归变量的回归系数均为正,人口密度变量影响相对最大,其增长 10%会导致交通小区酒驾事故增长 0.33%。其他变量影响力从大到小,依次为交叉口密度、住宅小区密度和路网密度。说明从全市范围来看,人口密度、居住类密度和交通路网密度对酒驾事故的影响具有一致性。需要注意的是,全局变量的回归系数均明显小于局部变量回归系数,说明控制局部变量,对酒驾事故发生的影响更大。MGWR 模型局部变量回归系数描述性统计如表 6–6 所示。

表 6–5　MGWR 模型全局变量回归系数描述性统计

解释变量	回归系数	标准差	t 值
人口密度	0.033	0.007	4.612
住宅小区密度	0.024	0.011	2.218
交叉口密度	0.030	0.010	2.988
路网密度	0.015	0.009	1.626

表 6–6　MGWR 模型局部变量回归系数描述性统计

解释变量	最小值	最大值	均值	上四分位数	下四分位数	标准差
截距	−34.877	14.234	0.130	0.108	0.161	0.914
零售店密度	−10.258	0.772	0.083	0.035	0.058	0.270
宾馆酒店密度	−0.604	0.525	0.000	−0.017	0.004	0.070
公司企业密度	−5.743	4.640	−0.189	−0.228	−0.189	0.229

2. 零售店密度分析

如图6-5所示为MGWR模型的零售店密度回归系数分布,在市区和近郊区零售店密度回归系数均为正值,在远郊区的很多区域回归系数达到了0.44以上,最大达到了0.77。负值最大达到-10.258,主要位于宝坻区与宁河区交界处两侧、原塘沽开发区北部、蓟州区东南部和东北部等区域。其原因可能是宁河区具有七里海国家湿地公园、七里海生态园等,每年会吸引大量京津冀区域游客驱车前往,零售店会吸引旅客购物,但驾驶员多会考虑到往返过程中均需经高速公路通行,因此该区域酒驾事故反而较少。零售店密度回归系数覆盖范围较大,反映出该解释变量具有极强的空间异质性。整体而言,零售店密度系数均值为正,显示出显著的正相关性,且影响力由市区、近郊区、远郊区依次减弱,同时在远郊区部分区域存在显著的负相关性。

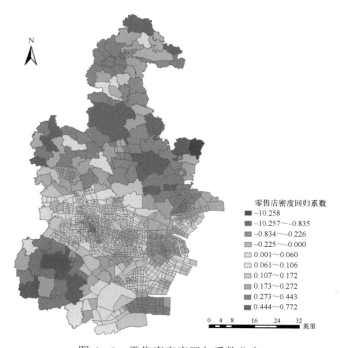

图6-5 零售店密度回归系数分布

3. 宾馆酒店密度分析

如图 6-6 所示为 MGWR 模型的宾馆酒店密度回归系数分布，需要重点注意的是，是在天津市与河北省交界区域，特别是在与北京市通州区、河北省的唐山市、廊坊市和沧州市接壤处的宾馆酒店与酒驾交通事故呈现出极强的正相关性。与零售店类似，在滨海新区主城区同样呈现出极强的正相关性。近郊区中，津南区、西青区与滨海新区、静海区接壤区域，西青区和北辰区接壤区域、东丽区与北辰区部分区域宾馆酒店密度均呈现出显著的正相关性。而在远郊区，特别是宝坻区、蓟州区和滨海新区南部，宾馆酒店密度呈现出显著的负相关特征。以上影响特征与如图 6-7 所示京津冀城市群中，天津市跨市出行分布比例图所述特征吻合，原因可能是在行政区域接壤地段，人口流动频繁，公共服务相对较差，交管部门的酒驾巡查力度相比市区、近郊区和远郊区的中心城镇相对减弱，导致酒驾行为发生概率增大。

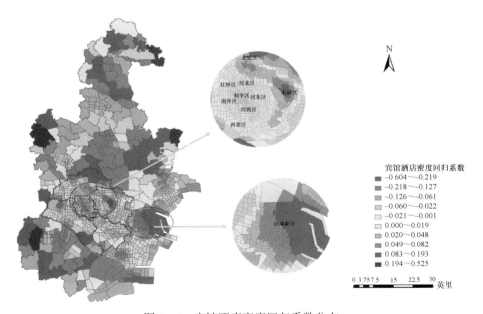

图 6-6 宾馆酒店密度回归系数分布

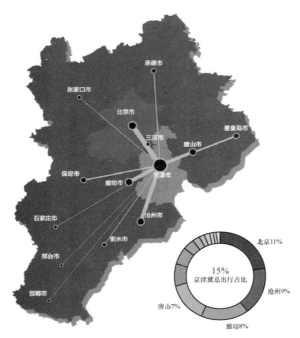

图 6-7 京津冀城市群中天津市对外出行比例

在天津市中心城区，对外地车辆实施交通限行管理政策，车辆无法进入外环线以内区域，前往宾馆酒店的外地旅客多采用公共交通方式出行，再加上市区内酒驾执法检查、宣传教育力度相对较大。因此，市区宾馆酒店密度虽然与酒驾事故成正相关关系，但影响相对较小。滨海新区虽然距离天津市中心城区较远，但它不同于一般意义上的远郊区，其作为国家级综合改革创新区，拥有常住人口 297 万人，2017 年度 GDP 达到 7 000 亿元，还具有综合性港口天津港和极地海洋世界、天津航母主题公园等重点旅游景点，经济发展迅猛，商务交流频繁，人口流动日益增多。但滨海新区目前暂无外地车辆限行交通管理政策，因此酒驾风险相对较大，宾馆酒店的影响作用也比市区有所提高。

4. 公司企业密度分析

如图 6-8 所示为 MGWR 模型的公司企业密度回归系数分布，除个别区域外，绝大部分区域公司企业密度与酒驾交通事故呈现显著负相关性，中心城区

的回归系数为 -0.316～-0.204，近郊区回归系数约为 -0.203～-0.142，远郊区中的滨海新区回归系数为 -0.141～0.000，远郊区中的静海区、武清区和宝坻区部分区域系数小于 -0.317，呈现极其显著的负相关性。这表明尽管部分公司可能有内部餐厅，甚至会提供酒水供员工消费，但公司可能有严格的工作规章制度，禁止工作期间饮酒，由此导致公司企业密度高的区域驾驶员酒驾概率反而较小。尽管如此，公司企业密度对酒驾事故的负相关性从市区到近郊区，再到远郊区影响力逐步减弱，说明不同区域的公司企业，对于企业管理制度可能存在逐步放松现象，有必要在未来进一步加强管理要求。

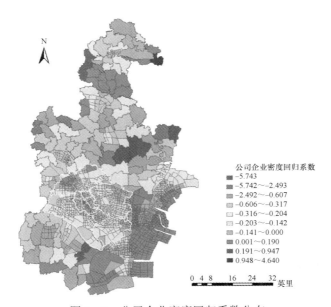

图 6-8　公司企业密度回归系数分布

综合以上所有研究，空间相关性和空间异质性分别被用于描述同一个空间效应问题的两个不同方面，分别是从全局和局部的角度进行酒驾事故空间特征研究，一般在计量经济学中不会直接比较两者的优劣。同时，拟合优度 R^2 可解释为回归模型所涵盖的因变量方差的比例，尽管现有个别文献基于该值进行空间相关性模型比较，但是 Woolridge 等学者提出空间自相关模型输出的值并非真

正 R^2，不能用于模型拟合效能比较。最终，在交通小区尺度下，针对本书所述区域酒驾事故数据集，如表 6-7 所示，空间异质性模型 MGWR 具有最佳拟合效果。

表 6-7　区域酒驾事故预测模型拟合优度统计

模型类型	传统线性回归模型	机器学习模型	空间相关性模型	空间异质性模型
R^2	0.311	0.391	/	0.593

6.5 本章小结

普通线性回归模型假定回归参数在空间上是稳定不变的,地理加权回归模型则认为回归参数在空间上是变化的。本章深入讨论了酒驾事故影响因素的空间异质性特性,在构建 GWR 模型分析基础上,进一步构建 MGWR 模型分析研究。通过逐步深入研究,最终可以得到以下结论:

(1) 通过对比不同变量作为全局变量进入 GWR 模型时 AICc 值的变化,可以确定人口密度、住宅小区密度、交叉口密度和路网密度在全市范围内影响恒定,应作为全局变量。而零售店密度、宾馆酒店密度、公司企业密度,随空间地理位置变换而在不同区域范围具有不同影响,应作为局部变量纳入混合地理加权模型;

(2) 基于黄金搜索方法的 MGWR 模型最优带宽为 4 169.501 m,AICc 值最小,模型拟合效果优于 OLS 模型、GWR 模型和固定带宽 MGWR 模型,能解释 59.6%的酒驾事故的发生;

(3) 最后对 MGWR 模型全局变量和局部变量的空间影响进行探索分析;

(4) 综合所有研究结论可知,空间异质性模型 MGWR 拟合优度值达到 0.593,优于传统的 OLS 线性回归模型和 SVR(rbf)机器学习模型,具有最佳拟合效果,空间相关性模型 SDM 和空间异质性模型 MGWR 可分别用作区域酒驾事故的预测,服务于主动交通安全规划等宏观交通安全研究。

附录：酒后驾驶交通行为调查问卷

1. 您的性别是什么？

1□男	2□女	

2. 您的学历是什么？

1□初中（中职）	2□高中（高职）	3□本科（大专）
4□硕士以上		

3. 您的年龄是多少？

1□18～29 岁	2□30～39 岁	3□40～49 岁
4□50～59 岁	5□60 岁以上	

4. 您的职业是什么？

1□在校学生	2□企业公司员工	3□事业单位员工
4□公务员	5□自由职业	6□医护人员
7□农、林、牧、渔人员	8□离/退休	9□暂时无业
10□其他职业		

5. 您的月收入水平是多少？

1□3 500 元以下	2□3 500～5 000 元	3□5 000～10 000 元
4□10 000 元以上		

6. 您的婚姻状态是什么？

| 1□结婚 | 2□单身 | |

7. 您平时经常驾驶的车辆类型是什么？（多选题）

1□小汽车	2□自行车	3□电动自行车
4□重型汽车	5□摩托车	6□其他车辆

8. 您实际驾车的驾龄是几年？

1□1年及以下	2□2~5年	3□6~10年
4□10年以上	5□尚未获得驾照	

9. 您一般在周几饮酒较多？（多选题）

1□周一	2□周二	3□周三
4□周四	5□周五	6□周末

10. 您一般在以下哪个行政区域饮酒？（多选题）

1□市内六区（和平、南开、河西、河东、红桥、河北）	2□环城四区（西青、北辰、东丽、津南）	3□其他五区（武清、宝坻、蓟州、宁河、静海）
4□滨海新区	5□其他省市	

11. 您平均一周内饮酒几次？

1□不到1次	2□1次	3□2~3次
4□4次以上		

12. 您一般在什么时段饮酒？（多选题）

1□5—10点	2□11—13点	3□14—16点
4□17—19点	5□20—23点	6□0—4点

13. 您一般在什么地点饮酒？（多选题）

1□饭店、餐馆（只提供餐饮服务）	2□公司、单位的食堂或餐厅	3□宾馆、酒店（指以住宿为主，兼有餐饮服务）
4□休闲娱乐场所	5□自己家里	6□其他

14. 您的饮用酒来自哪里？（多选题）

1□在饮酒地点购买	2□自己或朋友携带	3□在附近零售店购买
4□其他来源		

15. 您会劝他人饮酒吗？

1□从不	2□偶尔会	3□经常会劝

16. 您喝酒时，被他人劝过酒吗？

1□从没人劝酒	2□偶尔会被劝酒	3□经常会被人劝酒

17. 您是否酒驾过？

1□是	2□否

18. 您是否经历过交警酒驾巡检？

1□是	2□否

19. 您以前对饮酒驾驶（大于或者等于 20 mg/100 mL）和醉酒驾驶（大于或者等于 80 mg/100 mL）的血液酒精含量数值了解吗？

1□非常了解	2□大概知道	3□不太了解

20. 您了解喝多少酒就会导致醉酒驾驶吗？

1□非常了解	2□大概知道	3□不太了解

21. 2017 年 5 月，最高人民法院出台指导意见，对于醉驾情节显著轻微危害不大的，不予定罪处罚；犯罪情节轻微不需要判处刑罚的，可以免予刑事处罚。您认为这会导致酒驾事故高发吗？

| 1□会 | 2□不会 | 3□不好确定 |

22. 从个人角度看，您认为酒驾产生的原因可能是什么？（多选题）

1□朋友说没事	2□自认为喝得不多，不影响开车	3□侥幸心理，不见得会被查到
4□需要送朋友回家	5□第二天还要用车	6□个人心情不太好

23. 从社会角度看，您觉得酒驾屡禁不止的原因是什么？（多选题）

1□法律法规处罚力度不够	2□相关部门监管执法不够	3□法制、安全宣传不到位
4□代驾等服务不能满足需求		

24. 您认为可起到自我约束作用，预防酒驾的原因有什么？（多选题）

1□对生命安全的尊重	2□亲朋好友的关爱叮嘱	3□对法律惩戒的敬畏
4□工作单位的纪律要求	5□身边朋友案例带来的警示	

25. 您对酒驾相关知识的了解主要来源于哪里？（多选题）

1□电视	2□网络	3□报纸
4□广播	5□社交网络（朋友、同事等）	6□其他

26. 您更愿意接受以下哪种方式的预防酒驾宣传？（多选题）

1□微信、QQ 等聊天工具	2□视频网站（抖音、优酷等）	3□短信
4□电子邮件	5□微博	6□书面资料
7□面对面宣传	8□电话宣传	9□广播
10□电视		

27. 您愿意接收到的预防酒驾宣传内容是什么？（多选题）

1□ 所在地区酒驾事故通报	2□ 酒驾惩戒相关法律法规	3□ 酒驾事故照片和事故视频
4□ 在重点时段、重点区域，酒驾预防提醒		

28. 您支持汽车在出厂前就安装预防酒驾提醒装置吗？

1□ 是	2□ 否	

29. 对于酒驾交通事故预防，您还有哪些意见和建议？

调查员填写部分：

调查员姓名：_____   调查员编号：_____

调查地点：_____   调查时间：____年____月____日____时____分

参 考 文 献

[1] World Health Organization. Global status report on road safety 2018[R]. World Health Organization, 2018: 1-20.

[2] 国务院安全生产委员会. 道路交通安全"十三五"规划[R]. 北京: 中华人民共和国国务院, 2017: 1-20.

[3] Armstrong K A, Watling H, Watson A, et al. Profile of urban vs rural drivers detected drink driving via Roadside Breath Testing (RBT) in Queensland, Australia, between 2000 and 2011[J]. Transportation Research Part F Traffic Psychology & Behavior, 2017, 47: 114-121.

[4] Wan J, Wu C, Zhang Y, et al. Drinking and driving behavior at stop signs and red lights.[J]. Accident Analysis & Prevention, 2017, 104: 10-17.

[5] 中华人民共和国公安部. 公安部关于贯彻实施《刑法修正案(八)》和〈关于修改〈道路交通安全法〉的决定〉的通知[EB/OL]. 公通字〔2011〕15号, 2011年4月28日. http://www.mps.gov.cn/n2254314/n2254457/n2254466/c3619149/content.html.

[6] 中华人民共和国公安部. 关于实施《车辆驾驶人员血液、呼气酒精含量阈值与检验》(GB/T 19522—2010)国家标准的通知[EB/OL]. 公交管〔2011〕51号, 2011年4月15日. http://www.cnis.gov.cn/zyfw/bzsc/bzjd/201111/t20111106_7273.shtml.

[7] 陈贺. 中国交通事故死亡状况及酒驾处罚对交通事故死亡率的影响[D].

北京：中国疾病预防控制中心，2017．

[8] 王岩，杨晓光．主动道路交通安全规划体系［J］．系统工程，2006，24（1）：30－35．

[9] 黄合来，许鹏鹏，马明，等．道路交通安全规划理论研究前沿［J］．中国公路学报，2014，27（9）：90－97．

[10] 王雪松，彭建．我国城市交通安全规划建议［J］．汽车与安全，2016（4）：114－116．

[11] 龚标，赵斌．我国道路交通安全规划基本框架研究［J］．中国安全科学学报，2006，16（4）：19－24．

[12] 陆化普，周钱，徐薇．道路交通安全管理规划理论与应用研究［J］．公路工程，2006，31（3）：67－70．

[13] 王少华．加强案例数据库建设提高司法鉴定质量［J］．天津司法，2017（15）：44－47．

[14] 李晓明，郭亮，白鹏．基于CIDAS调查的汽车与自行车碰撞事故中头部伤害情况分析［J］．交通世界，2017：153－156．

[15] 任福田，刘小明，荣建，等．交通工程学［M］．北京：人民交通出版社，2016，24－25．

[16] 黄沿波．城市道路交通安全规划探讨［J］．广东公路交通，2013（5）：58－63．

[17] Lascala E A，Gerber D，Gruenewald P J．Demographic and environmental correlates of pedestrian injury collisions：a spatial analysis［J］．Accident Analysis & Prevention，2000，32（5）：651－658．

[18] Lee J，Abdel-Aty M，Jiang X．Development of zone system for macro-level traffic safety analysis［J］．Journal of Transport Geography，2014，38：13－21．

[19] Lee J，Abdel-Aty M，Cai Q．Intersection crash prediction modeling with macro-level data from various geographic units［J］．Accident Analysis &

Prevention，2017，102：213－226.

[20] Soltani A，Askari S. Exploring spatial autocorrelation of traffic crashes based on severity [J]. Injury，2017，48（3）：637－647.

[21] Siddiqui C，Abdelaty M，Choi K. Macroscopic spatial analysis of pedestrian and bicycle crashes [J]. Accident Analysis & Prevention，2012，45（3）：382－391.

[22] Cai Q，Lee J，Eluru N，et al. Macro-level pedestrian and bicycle crash analysis：Incorporating spatial spillover effects in dual state count models [J]. Accident Analysis & Prevention，2016，93：14－22.

[23] Zeng Q，Wen H，Huang H，et al. A Bayesian spatial random parameters Tobit model for analyzing crash rates on roadway segments [J]. Accident Analysis & Prevention，2017，100：37－43.

[24] Liu C，Sharma A. Exploring spatio-temporal effects in traffic crash trend analysis [J]. Analytic Methods in Accident Research，2017，16：104－116.

[25] Ratrout N T，Chowdhury S，Gazder U，et al. Characterization of crash-prone drivers in Saudi Arabia-A multivariate analysis [J]. Case Studies on Transport Policy，2016：134－142.

[26] FHWA，2005. SAFETEA-LU：Safe，accountable，flexible，efficient transportation equity act：a legacy for users. Available at：http://www.fhwa.dot.gov/safetealu(Accessed 26 February 2019).

[27] Washington S P，Dumbaugh E，Mitra S，et al. Incorporating safety into long-range transportation planning [J]. NCHRP Report，2006：48－81.

[28] 黄合来,许鹏鹏,翟晓琪. 不同区划方案对宏观交通事故建模的影响[J]. 同济大学学报（自然科学版），2016，44（3）：377－382.

[29] Wang X，Yang J，Lee C，et al. Macro-level safety analysis of pedestrian

crashes in Shanghai, China [J]. Accident Analysis & Prevention, 2016, 96: 12-21.

[30] Li J, Wang X. Safety analysis of urban arterials at the meso level[J]. Accident Analysis & Prevention, 2017, 108: 100-111.

[31] Yu R, Wang X, Abdel-Aty M. A hybrid latent class analysis modeling approach to analyze urban expressway crash risk [J]. Accident Analysis & Prevention, 2017, 101: 37-43.

[32] Xu P Huang H Dong N. The modifiable areal unit problem in traffic safety: Basic issue, potential solutions and future research[J]. Journal of Traffic and Transactions Engineering, 2018, 5 (1): 73-82.

[33] Guo Y, Osama A, Sayed T. A cross-comparison of different techniques for modeling macro-level cyclist crashes [J]. Accident Analysis & Prevention, 2018, 113: 38-46.

[34] Li Y, Xing L, Wang W, et al. Evaluating the impact of Mobike on automobile-involved bicycle crashes at the road network level [J]. Accident Analysis & Prevention, 2018, 112: 69-76.

[35] Jia R, Khadka A, Kim I. Traffic crash analysis with point-of-interest spatial clustering [J]. Accident Analysis & Prevention, 2018, 121: 223-230.

[36] 王岩, 杨晓光. 城市交通规划中的交通安全[C]. 上海: 中国城市交通规划学会, 2009: 102-110.

[37] Castillo-Manzano J I, Castro-Nuño M, Fageda X, et al. An assessment of the effects of alcohol consumption and prevention policies on traffic fatality rates in the enlarged EU. Time for zero alcohol tolerance? [J]. Transportation Research Part F Traffic Psychology & Behaviour, 2017, 50: 38-49.

[38] Otero S, Rau T. The effects of drinking and driving laws on car crashes,

injuries, and deaths: Evidence from Chile [J]. Accident Analysis & Prevention, 2017, 106: 262.

[39] Fell J C, Waehrer G, Voas R B, et al. Effects of enforcement intensity on alcohol impaired driving crashes [J]. Accident Analysis & Prevention, 2014, 73: 181 – 186.

[40] Alonso F, Pastor J C, Montoro L, et al. Driving under the influence of alcohol: frequency, reasons, perceived risk and punishment [J]. Substance Abuse Treatment, Prevention, and Policy, 2015, 10 (1): 11.

[41] Lee J A, Jones-Webb R J, Short B J, et al. Drinking location and risk of alcohol-impaired driving among high school seniors [J]. Addictive Behaviors, 1997, 22 (3): 0 – 393.

[42] Bachani A M, Risko C B, Gnim C, et al. Knowledge, attitudes, and practices around drinking and driving in Cambodia: 2010 – 2012. [J]. Public Health, 2017, 144S: S32.

[43] Stephens A N, Bishop C A, Liu S, et al. Alcohol consumption patterns and attitudes toward drink-drive behaviours and road safety enforcement strategies [J]. Accident Analysis & Prevention, 2017, 98 (Complete): 241 – 251.

[44] Armstrong K A, Watling H, Watson A, et al. Profile of urban vs rural drivers detected drink driving via Roadside Breath Testing (RBT) in Queensland, Australia, between 2000 and 2011 [J]. Transportation Research Part F: Traffic Psychology and Behaviour, 2017, 47: 114 – 121.

[45] Siciliano V, Mezzasalma L, Scalese M, et al. Drinking and driving among Italian adolescents: Trends over seven years (2007 – 2013) [J]. Accident Analysis & Prevention, 2016, 88: 97 – 104.

[46] Kuerbis A, Sacco P. The impact of retirement on the drinking patterns of older

adults: A review [J]. Addictive Behaviors, 2012, 37 (5): 587 – 595.

[47] Alcaniz M, Santolino M, Ramon, Lluis. Drinking patterns and drunk-driving behaviour in Catalonia, Spain: A comparative study [J]. Transportation Research Part F: Traffic Psychology and Behaviour, 2016 (42): 522 – 531.

[48] Armstrong K A, Watling H, Watson A, et al. Profile of women detected drink driving via Roadside Breath Testing(RBT)in Queensland, Australia, between 2000 and 2011 [J]. Accident Analysis & Prevention, 2014, 67: 67 – 74.

[49] Gruenewald P J, Millar A B, Treno A J, et al. The geography of availability and driving after drinking [J]. Addiction, 1996, 91 (7): 967 – 983.

[50] Gruenewald P J, Johnson F W, Treno A J. Outlets, drinking and driving: a multilevel analysis of availability [J]. Journal of Studies on Alcohol, 2002, 63 (4): 460 – 468.

[51] Campbell C A, Hahn R A, Elder R, et al. The effectiveness of limiting alcohol outlet density as a means of reducing excessive alcohol consumption and alcohol-related harms [J]. American Journal of Preventive Medicine, 2009, 37 (6): 556 – 569.

[52] Richardson E A, Hill S E, Mitchell R, et al. Is local alcohol outlet density related to alcohol-related morbidity and mortality in Scottish cities? [J]. Health & Place, 2015, 33: 172 – 180.

[53] Treno A J, Johnson F W, Remer L G, et al. The impact of outlet densities on alcohol-related crashes: A spatial panel approach [J]. Accident Analysis & Prevention, 2007, 39 (5): 894 – 901.

[54] Kelleher K J, Pope S K, Kirby R S, et al. Alcohol availability and motor vehicle fatalities [J]. Journal of Adolescent Health Official Publication of the Society for Adolescent Medicine, 1996, 19 (5): 325 – 330.

[55] Morrison C, Ponicki W R, Gruenewald P J, et al. Spatial relationships between alcohol-related road crashes and retail alcohol availability [J]. Drug and Alcohol Dependence, 2016, 162: 241-244.

[56] Lapham S C, Skipper B J, Chang I, et al. Factors related to miles driven between drinking and arrest locations among convicted drunk drivers [J]. Accid Anal Prev, 1998, 30 (2): 201-206.

[57] Lewis N O, Lapham S C, Skipper B J. Drive-up liquor windows and convicted drunk drivers: A comparative analysis of place of purchase [J]. Accident Analysis & Prevention, 1998, 30 (6): 763-772.

[58] Hobday M, Lensvelt E, Gordon E, et al. Distance travelled to purchase alcohol and the mediating effect of price [J]. Public Health, 2017, 144: 48-56.

[59] Kim J H, Lee S, Chan K W C, et al. A population-based study on the prevalence and correlates of drinking and driving in Hong Kong [J]. Accident Analysis & Prevention, 2010, 42 (4): 994-1002.

[60] 袁春怡. 酒后驾驶行为入罪化研究 [D]. 厦门: 厦门大学, 2007.

[61] 贾银亮. 中日危险驾驶犯罪比较研究 [D]. 北京: 中国政法大学, 2011.

[62] 周菊. 中美道路交通安全监管体系比较研究 [D]. 北京: 北京交通大学, 2012.

[63] 宋健. 论中德危险驾驶罪之比较 [D]. 北京: 中央民族大学, 2013.

[64] 唐英. 试论中国酒后驾车险的制度设计 [J]. 河北学刊, 2013, 33 (5): 155-157.

[65] 胡新伟. 醉酒型危险驾驶罪的司法适用 [D]. 苏州: 苏州大学, 2016.

[66] Zhao X, Zhang X, Rong J, et al. Identifying method of drunk driving based on driving behavior [J]. International Journal of Computational Intelligence Systems, 2011, 4 (3): 361-369.

[67] Li Y C, Sze N N, Wong S C, et al. A simulation study of the effects of alcohol on driving performance in a Chinese population [J]. Accident Analysis & Prevention, 2016, (95), 334–342.

[68] Jia K, King M, Fleiter J J, et al. Drunk driving offenders' knowledge and behaviour in relation to alcohol-involved driving in Yinchuan and a comparison with Guangzhou, China [J]. Transportation Research Part F Psychology & Behaviour, 2016, 38: 182–193.

[69] 颜小鋆. 江苏省酒后驾驶现况调查及影响因素研究 [D]. 南京：东南大学，2015.

[70] 陈然. 广州市部分高校学生饮酒与酒后伤害危险行为影响因素分析 [D]. 广州：暨南大学，2011.

[71] 张卓. 车内酒精气体激光检测方法及系统研究 [D]. 长春：长春理工大学，2012.

[72] 董勇. 酒后驾驶违法行为人信息管理系统的设计与实现 [D]. 天津：天津大学，2016.

[73] Zhang G, Yau K K, Gong X. Traffic violations in Guangdong Province of China: speeding and drunk driving [J]. Accident Analysis & Prevention, 2014, 64 (1): 30–40.

[74] 茆汉梅，高涵昌，潘耀东. 苏州市居民酒后驾驶知识、态度和行为调查分析 [J]. 中国健康教育，2016，32（7）：621–625.

[75] 林玲，许滋宁. 南通市居民酒后驾驶知识、态度和行为干预效果评价[J]. 中国健康教育，2017，33（12）：1126–1128.

[76] 张凤云，杨国平，季莉莉，等. 南京市娱乐场所周边地区驾驶员酒驾行为调查 [J]. 中国公共卫生，2014，30（5）：590–592.

[77] 丁宇. 基于数据挖掘的城市交通事故驾驶员特征研究 [D]. 沈阳：沈阳

大学，2018．

[78] 周志华．机器学习[M]．北京：清华大学出版社，2016：1-15．

[79] Otte D，Michael Jänsch，Haasper C．Injury protection and accident causation parameters for vulnerable road users based on German In-Depth Accident Study GIDAS[J]．Accident Analysis & Prevention，2012，44(1)：149-153．

[80] Joon K K，Sungyop K．Bicyclist injury severities in bicycle-motor vehicle accidents[J]．Accident Analysis & Prevention．2015，75：1-15．

[81] Kröyer H R G．The relation between speed environments，age and injury outcome for bicyclists struck by a motorized vehicle-a comparison with pedestrians[J]．Accident Analysis & Prevention．2015，76：57-63．

[82] Franke R，Shinstine D S，Ahmed M M，et al．Effects of truck traffic on crash injury severity on rural highways in wyoming using bayesian binary logit models[J]．Accident Analysis & Prevention，2018，117：106-113．

[83] Rezapour M，Moomen M，Ksaibati K．Ordered logistic models of influencing factors on crash injury severity of single and multiple-vehicle downgrade crashes：A case study in Wyoming[J]．Journal of Safety Research，2018，(68)：107-118．

[84] Iranitalab A，Khattak A．Comparison of four statistical and machine learning methods for crash severity prediction[J]．Accident Analysis & Prevention，2017，108：27-36．

[85] Xu C，Bao J，Wang C，et al．Association rule analysis of factors contributing to extraordinarily severe traffic crashes in China[J]．Journal of Safety Research，2018，(67)：65-75．

[86] 孙铁轩．基于数据挖掘的道路交通事故分析研究[D]．北京：北京交通大学，2014．

[87] 刘昕宇．基于数据挖掘的道路交通事故序列模式与严重程度预测研究 [D]．北京：北京交通大学，2016．

[88] 陈燕芹．城市道路交通事故多发点的鉴别方法研究 [D]．西安：长安大学，2015．

[89] 陈金林．基于网络核密度估计城市路网事故黑点鉴别研究 [D]．南京：东南大学，2015．

[90] 王少华，黄建玲，陈艳艳，等．基于判别分析的骑推行交通事故鉴定研究 [J]．数学的实践与认识，2017，47（8）：215－221．

[91] 王海．基于空间分析技术的交通事故多发点鉴别及成因分析 [D]．北京：清华大学，2014．

[92] 彭振仁．南宁市道路交通伤害流行病学特征及基于 GIS 的空间分析 [D]．南宁：广西医科大学，2011．

[93] 董爱虎．柳州市道路交通伤害流行病学研究及基于 GIS 的空间分析 [D]．南宁：广西医科大学，2012．

[94] Jenczura A，Czajkowska M，Skrzypulec-frankel A，et al．Sexual function of postmenopausal women addicted to alcohol [J]．International Journal of Environmental Research and Public Health，2018，15（8）：1639．

[95] 张文彤，董伟．SPSS 统计分析基础教程 [M]．北京：高等教育出版社，2011：162－164．

[96] 黄雪强．不同驾驶行为下高速公路安全风险因素研究 [D]．扬州：扬州大学，2018．

[97] Woolridge J M．Introductory econometrics-a modern approach [M]．Boston：Cengage Learning，2015：45．

[98] 李航．统计学习方法 [M]．北京：清华大学出版社，2012：21－23．

[99] 邵长桥．交通数据统计分析理论与方法 [M]．北京：人民交通出版社，

2012：84-113.

[100] 余涛. 基于SVM和BP神经网络的短时交通流预测与实现[D]. 南京：南京邮电大学，2018.

[101] 张良均，王路，谭立云，等. Python数据挖掘分析与挖掘实战[M]. 北京：机械工业出版社，2017：100-103.

[102] 吴森森. 地理时空神经网络加权回归理论与方法研究[D]. 杭州：浙江大学，2018.

[103] 张禄璐. 基于支持向量机的煤矿安全成本预测研究[D]. 邯郸：河北工程大学，2018.

[104] 张杰. 支持向量回归机在房价预测中的分析与应用[D]. 武汉：武汉理工大学，2017.

[105] 王树良. 空间数据挖掘视角[M]. 北京：测绘出版社，2008：20-41.

[106] 肖光恩，刘锦学，谭赛月明. 空间计量经济学：基于MATLAB的应用分析[M]. 北京：北京大学出版社，2018：3-8.

[107] 李吉江. 顾及空间分异性的回归模型研究[D]. 济南：山东农业大学，2017.

[108] Liu H，Fang C，Zhang X，et al. The effect of natural and anthropogenic factors on haze pollution in Chinese cities：A spatial econometrics approach[J]. Journal of Cleaner Production，2017，165.

[109] 李娜. 基于空间计量模型的跨区公交通勤与土地利用研究[D]. 北京：北京工业大学，2018.

[110] Elhorst J Paul. Spatial econometrics：from cross-sectional data to spatial panels[M]. Berlin：Springer，2014：9-15.

[111] Lesage Introduction to spatial econometrics[M]. London：Chapman & Hall/CRC，2008：155-185.

[112] 王周伟,崔百胜,张元庆. 空间计量经济学现代模型与方法[M]. 北京：北京大学出版社,2017：92-103.

[113] 覃文忠. 地理加权回归基本理论与应用研究[D]. 上海：同济大学,2007.

[114] 张洁. 基于GWR模型的城市住宅地价空间分异研究[D]. 杭州：浙江大学,2012.

[115] 陈强. 高级计量经济学及Stata应用[M]. 北京,高等教育出版社,2014.

[116] 杨海文. 空间计量模型的选择、估计及其应用[D]. 南昌：江西财经大学,2015.

[117] 王鹏. 考虑地区异质性的追尾事故严重性影响因素研究[D]. 成都：西南交通大学,2018.

[118] 杨毅. 顾及时空非平稳性的地理加权回归方法研究[D]. 武汉：武汉大学,2016.

[119] 张靖苗. 基于GWR模型的城市住宅价格空间分异及其影响因素对比研究[D]. 云南：昆明理工大学,2017.

[120] 王全志. 城市建成环境对道路行程时间影响研究[D]. 大连：大连理工大学,2017.

[121] 饶兰兰. 基于时空地理加权回归模型估算近地面NO_2浓度[D]. 徐州：中国矿业大学,2017.

[122] 王梦晗,刘纪平,王勇,等. 路网距离约束的GTWR模型应用：以北京市房价为例[J]. 测绘科学,2018,43(4)：133-137.

[123] 字玥. 基于GWR模型的城市住宅地价空间分异对比研究[D]. 云南：昆明理工大学,2017.

[124] Hui E C M, Liang C. Spatial spillover effect of urban landscape views on property price[J]. Applied Geography,2016,72：26-35.

[125] Lee J, Yasmin S, Eluru N, et al. Analysis of crash proportion by vehicle type

at traffic analysis zone level: A mixed fractional split multinomial logit modeling approach with spatial effects [J]. Accident; analysis and prevention, 2017, 111: 12.

[126] Huang B, Wu B, Barry M. Geographically and temporally weighted regression for modeling spatio-temporal variation in house prices [J]. International Journal of Geographical Information Science, 2010, 24 (3): 383-401.

[127] Wang S H, Chen Y Y, Huang J L, et al. Spatial relationships between alcohol outlet densities and drunk driving crashes: An empirical study of Tianjin in China. Journal of Safety Research, 2020, 74: 17-25.

[128] 王少华,黄建玲,陈艳艳,等.自行车驾驶员交通行为方式判定研究[J].重庆交通大学学报（自然科学版）,2020,39（06）:19-24.